靈修著作精選

# 點。閱 TAKE and READ

## 畢德生的藏書閣

畢德生 著

陳永財 譯

基道出版社

▼

靈修著作精選

# 點・閱

## 畢德生的藏書閣

## Take and Read

### Spiritual Reading: An Annotated List

作者
畢德生
Eugene H. Peterson

譯者
陳永財

責任編輯
李慧儀

裝幀設計
奇文雲海

■

出版／發行
基道出版社
香港沙田火炭坳背灣街26號富騰工業中心1011室
LOGOS PUBLISHERS
Unit 1011, Fo Tan Ind. Centre, 26 Au Pui Wan St., Shatin, Hong Kong
電話：(852) 2687-0331 傳真：(852) 2687-0281
網址：http://www.logos.com.hk

承印
基業印刷廠有限公司

●



2/2008 初版
Cat. No. LP629
ISBN: 978-962-457-350-3
Translated into Chinese by permission of Eugene H. Peterson.
Published in association with Alive Communications, Inc.,
www.alivecommunications.com



First published 1996 by Wm. B. Eerdmans Publishing Co.
Published jointly 2000 with Regent College Publishing.
Printed in Hong Kong



| 刷次 | 10 | 9 | 8 | 7 | 6 | 5 | 4 | 3 | 2 | 1 |
|---|---|---|---|---|---|---|---|---|---|---|
| 年份 | 2017 | 2016 | 2015 | 2014 | 2013 | 2012 | 2011 | 2010 | 2009 | 2008 |

# 如何使用本書

書本就是朋友。畢德生把他的朋友介紹給我們認識；然而，朋友的朋友並不是必然會「自動轉帳」成為我們的朋友。正如作者在導論中所言，他談及的書籍，並非每一本都會成為「你的」書。然而，我們鼓勵你也邀請你建立自己的屬靈朋友名單。事情總得有一個起點。就從畢德生的書單開始吧！刪除一些，取代一些，你在觀看別人的清單時，也漸漸地整理出自己的清單來。

## 畢德生的書目：以書籍為單位

除個作者不詳或結集作品以外，書內的條目均以作家為單位，淺談那位作家的一至五本作品。每個書名之後，都有一個小小的方格，讀者可以 ✓ 來表示喜歡，以 ✗ 來表示不喜歡，以★來表推薦等等。本書亦儘量提供有關書籍的中譯本出版資料，有些書籍可能有很多不同譯本，本書以提供簡繁體譯本、譯文不同者、譯名不同者為原則，羅列中譯本的出版資料。此外，本書亦儘量提供較近期出版的中譯本資料，以便讀者能較易找到相關的中譯本。每本譯本之後，亦設有小方格，讀者可以上述的相同方式，標示你看了哪一個譯本。

## 畢德生的名單：以作家為單位

本書的附錄裏，按英文字母的次序，列出所畢德生曾談及的作家。畢德生所談及的作家，其中有多少是你也認識的呢？亦如書目一樣，每個名字前有一小方格，讀者可以寫下自己的標記。每個名字下方，預留了一個小小的空間，你可以寫下你讀過這位作家哪些作品。

## 我的私房書：以類別為單位

在每章的最後，設有「我的私房書」，讀者可以在該類別之下，也列出自己喜愛的書籍，或打算閱讀的書籍。這樣，你便慢慢建立了自己的個人書單了。

✣

盼望你與各種各類的書籍成為好友，在往後的日子裏，這本書不再是畢德生的靈閱清單，而是你用來記錄朋友聯繫方法的一本電話簿。

# 目錄

# 導論

我們的先輩稱為靈閱（*lectio divina*）的屬靈閱讀現在遭逢逆境。以前那些決意培養有上帝意識的生命的人都以靈閱為箭囊中珍貴的箭，但在我們這個世紀，靈閱很大程度上被磨鈍了。這枝箭失去了它的鋒芒，是由於忽略過於漠不關心或惡意——人們忽略了「屬靈」包含的意義。因為屬靈閱讀中「屬靈」這個修飾詞並不是指閱讀的**內容**，而是指閱讀書籍的**方式**。屬靈閱讀並非表示閱讀屬靈或宗教的課題，而是以屬靈的方式閱讀任何到手的書籍，也就是說，聆聽聖靈，警覺到神的提示。

今天，閱讀很大程度上是消費活動——人們貪婪地看書籍、雜誌、小冊子和報紙，藉以取得資料，作為他們野心、事業或才能的燃料。愈快愈好，愈多愈好。這種閱讀要不是分析性，用來明白事情；就是無意義的，用來打發時間。屬靈閱讀主要是愛好者的活動——與文字嬉戲，不單閱讀文字，也閱讀字裏行間的意思。這種閱讀是閒適的，準備重讀舊書，也準備打開新書。這種閱讀是嬉戲，預期得到友誼的樂趣。這種閱讀是禱告，確信所有誠實的話都可以以某種方式牽涉我們，只要我們同時以心和頭腦閱讀，在以「成肉身」的道開始的永恆談話中進行。屬靈閱讀既親近荷馬（Homer），也親近何西阿（Hosea）。

對我們大部分人來說，屬靈閱讀要求發現或得到現在名聲不大好的技巧：閒適、重複、反思性閱讀。這樣的閱讀主要不是取得資料，而是找到同伴。馮許格爾男爵（Friedrich von Hügel）曾經說這種閱讀好像含喉片而不是狼吞虎嚥地吃一頓飯。這種閱讀方式在啟發智力的同時也模塑內心，從骨頭般的話中吸吮骨髓的養分。

✣

對基督徒來說，聖經是屬靈閱讀的主要書籍。在閱讀聖經的過程中，我們與也閱讀聖經的朋友談話是自然不過的事。這些閒適、輕鬆、反覆思考的談話透過很多書籍在不同的大陸、不同的世紀、以不同的語言繼續進行——而這些書籍也是供人們進行屬靈閱讀的。經過幾年後——正如聖經一樣——我們的很多屬靈閱讀變成了重讀。魯益師（C. S. Lewis）曾經將不讀書的人定義為「只讀書籍一次的人」。

但閒適和重複並不表示馬虎或懶惰。切斯特頓（G. K. Chesterton）說有生氣的人想讀書和疲倦的人想有書讀之間有很大的分別。貝狄也夫（Nicolas Berdyaev）屬於有生氣的人：「在閱讀的過程中，我從不被動：我閱讀時不斷進行創造的活動，令我記得的是書籍在我心中直接或間接引發的思想，多於書籍的實際內容」。[1]

格林（Julian Green）一九四一年十月六日的日記說明需要對聖靈警覺和回應：「希伯來人收集嗎哪和將它放在一旁這個故事十分重要。如果嗎哪保存起來便會變壞。或許這表示所有沒有消耗——藉著禱告和工作——的屬靈閱讀，結果都會令我們裏面有某種變壞。你死時頭腦充滿好的話，但內心卻空無一物。」

惠特曼（Walt Whitman）從不同的角度提出同一個建議：「要求和供應書籍是基於一個假設：閱讀的過程不是半睡眠，而是最高意義上的運動，體操運動員的掙扎；讀者要為自己做一些事，必須警覺，實際上必須自己建構那詩歌、論證、歷史、形而上文章——文本提供暗示、提示、開始或框架。書籍不需要這麼多才成為完整的東西，但讀者才需要這樣」。[2]

✣

我有一位朋友，他在年青時信了主，後來被無恥和掠奪成性的宗教領袖剝削和利用。他感到幻滅，走進酒精和毒品的世界，在其後的二十年試圖藉著化學品找到自己的靈性。一天，在墨西哥的山上尋找毒品時，他遇到一些剛信了主的毒販。他們向他講述耶穌，為他禱告，令他重新走上基督徒的路。回到加拿大的家後，他知道自己的新生命需要支持，但由於早年與宗教領袖的經驗，他變得很謹慎。一天，他走進書店問店長：「你們有沒有由死了的基督徒寫的書？我不信任在生的人。」店長給他一本陶恕（A. W. Tozer）的書。在接著的一年，他只讀陶恕——一個「死了的基督徒」——寫的書。從那裏開始，他小心地進入活著的基督徒羣體，現在他充滿生氣地參與教會。

我清單上大部分——但不是所有——書籍都是由「死了的基督徒」寫的。那表示他們已經由超過一代讀者試驗過，而且證實合格。那也表示這些基督徒所寫的內容被一些比潮流或時尚更深刻的東西確認。但我的清單並不以任何方式假裝平衡、包羅萬有或權威。它只是個人的。很多重要的書籍都沒有包括在其中，有些是出於無知，但很多只是因為它們對我個人來說仍然未變得重要。

范多倫（Mark Van Doren）曾經在一首詩中寫道：「遺漏是謀殺。」我希望這並非總是事實，因為我遺漏了一些最好的朋友的著作。這些清單也明顯沒有亞洲、非洲和拉丁美洲基督徒的靈性著作——而這是我最遺憾的遺漏。我在生命後期才接觸到這些著作。我曾經考慮加入我認為是這方面最好和最具代表性的著作，但最終決定，由於它們仍然未成為**我**靈性的一部分，這樣做並不誠實。但我十分熱切地閱讀這些著作。或許如果這本書有新的版本，我可以補足這個缺陷。

我的一些評註只有幾行，另一些則有一頁或更長。讀者不應該將篇幅或次序視為反映有關書籍的重要性。我**隨意翻看**這些書。匆匆一瞥可能和較長的停留同樣有啟發性。這些評註是我選擇與朋友分享的專注的時刻。

好像這樣的清單會不自覺地擴充，所以我給自己限制：二十個類別，每個類別不少於十本，也不多於十六本書。很多書都超越它們的類別——屬靈閱讀傾向這樣。並非所有書籍都明確地是基督教的——有些我會歸類為從屬基督教，沿著基督教信仰推動，但沒有明確宣告和接受它。所有這些書籍的共通點是，我們的主聖靈都曾經使用它們加深和培養我在基督裏的生命，有時幾乎肯定是以它們無意那樣的方式達成。

✣

並非所有這些書都會成為**你的**書。我可以提出一個目標嗎？定目標大多是壞的靈修學。但例外也是有的。我認為這可以是一個例外：在未來五年，建立自己屬靈朋友的清單。從我的清單開始，然後慢慢將它重整為你自己的清單。你需要從某個地方開始。從這裏開始吧。刪除一些，取代一些，建立你自己的清單，在未來幾年那會成為不單是「清單」，而是一間擠滿朋友的房間，你與他們有「甜蜜的交談」。

馬丁路德（Martin Luther）推薦一本他喜歡的書時寫道：「事實上，這本書並不在頂部，好像水面上的浪花；而是由真正的以色列人在約旦的石底下取出來的」。[3] 這個推薦是我十分喜歡，也用來形容我的每個書籍朋友。

可惜這裏列出的書很多都已經斷版，但圖書館和舊書店正是為了這樣才存在。

**註釋**

1 Nicolas Berdyaev, *Dream and Reality* (MacMillan, 1951), 13.

2 *The Portable Whitman*, ed. Mark Van Doren (Viking Press, 1945), 468.

3 引自 *The Theologia Germanica of Martin Luther*, trans. Bengt Hoffman (Paulist Press, 1980), 42。

# 一

# 基本書籍

這張清單必然是隨意的——它包括**我的**，而不是你的基本書籍。但我強烈感到每個基督徒都需要有這樣的清單。它是對抗淺薄的保護網：淺嘗輒止在靈性上是積習難返的罪。這些書是我感到自己不能缺少的。它們已經證明在個人和召命這兩方面都模塑了我，而且是整合我個人的禱告生命以及我身為牧師和教師的職業生命的主要方法。在我嘗試在召命中恢復整全，並在二十世紀的北美洲這個特定的環境保持成為在心理和靈性上都有活力的基督徒時，這些作者都是我的導師。

## 1. Charles Williams

THE DESCENT OF THE DOVE. 1939. □

我開始閱讀威廉斯的書時是一個宗派主義者，只和一個小圈子的人「交往」，他們的生活、思想和祈禱方式都和我一樣。我讀完這本書後，成了一間有幾個世紀歷史，跨越幾個洲的教會的成員。我開始時的靈性幾乎完全是主觀的；然後我發覺自己身處一些偉大的東西裏面——創造性和道成肉身。我不肯定這是威廉斯的意圖，但卻是實際發生的事情。在靈性中，「無意的結果」是常有的事。

**2. Hans Urs von Balthasar**

PRAYER. 1961. □

這是我讀過關於禱告的書籍中最好的一本。它也是艱深的。艱深，是因為它深刻，在神學上全面，在屬靈上縝密。巴爾塔薩是瑞士的羅馬天主教徒，在幾年前去世。他是這個世紀其中一個思想最開闊的心靈。而且，他也是少數將他頭腦裏的思想和筆下的東西在心裏實踐的人。這本書不單關乎禱告，也給人一個確實的感覺——作者實際上在禱告。

**3. Baron Friedrich von Hügel**

SELECTED LETTERS. 1927. □

馮許格爾是平信徒，也是英國這個世紀初一位很有智慧的屬靈導師。他以產業收入為生，終生都留意聖靈的生命和他同代人的屬靈生命。他寫作的方法有種德國式的生硬，但我發覺他是我認識的作者中最清醒、平衡和明智的頭腦／靈。藉著將自己沉浸在歷世最深刻地活出的真理，他在自己的勸導和著作中為很多其他人提供一個成熟的中心。他絕對不受文化和教會那些好像蒼蠅那樣在他周圍飛舞的時尚和潮流影響。

**4. George Herbert**

THE COUNTRY PARSON. 1932. ☐

THE TEMPLE. 1633. ☐

赫伯特生活在十六世紀的英國。他的*Country Parson*是牧養神學手冊；而*The Temple*則是一系列在教區牧師這個背景下，關於屬靈生命的詩歌。這兩本書一起構成召命靈性的「外在」和「內在」結合。這是難得的機會，讓我們看到一位一流的牧者在內在及外在兩方面工作。

**5. Augustine**

THE CONFESSIONS. 397~401. ☐

《懺悔錄》。周士良譯。台北：商務印書館，1998。 ☐

《愛的頌歌：奧古斯丁懺悔錄》。原著精節本。林牧野、湯新楣譯。香港：海天書樓，2004。 ☐

靈性包括認真看待我們個人的經驗，以它作為救贖和聖潔的原料，以我們對待聖經和教義的嚴格檢視我們日常生活的材料。《懺悔錄》是這種練習的劃時代著作。

### 6. Gregory the Great

PASTORAL CARE. Translated by Henry Davis. 1950. □

一位牧者懷著禱告的心明智地思想牧養工作。由於牧養工作的本質——沉浸在一間教會和一種文化的獨特中——從六世紀的羅馬到二十世紀的北美洲，這工作仍然那麼相似，實在令人驚訝。

### 7. Gregory of Nyssa

THE LIFE OF MOSES. Translated by A. Malherbe and E. Ferguson. 1978. □

貴格利的榮耀是他敬虔的想像：他狂熱、誇張、好奇地閱讀聖經。但他又總是受到朝聖的信心規管，以他嬉戲的想像服從清醒的順服。

### 8. Karl Barth

THE EPISTLE TO THE ROMANS. 1933. □

《羅馬書釋義》。魏育青譯。香港：漢語基督教文化研究所，1998。 □

巴特在瑞士沙芬維（Safenwil）這條小村莊牧養一間小教會時寫這本註釋。我在馬里蘭（Maryland）一間小教會當牧師時閱讀這本書。我當時身處的領域一方面是有信仰（或半信仰）的教會，另一方面則是對基督教漠不關心（偶然也鄙視）

的世界，還有我承諾要忠誠地傳講和教導的聖經文本。在這樣的領域，我嘗試學習怎樣當牧師。聖經文本令我感到最自在。我自己面對它時，它幾乎是簡單的。但當我明白身為牧師，我永遠都不會獨自擁有聖經，而是要面對教會和世界時，我知道自己無力應付，需要幫助。文本的一面要求智力和注意，但我已經習慣這方面，也很享受。教會那方面令我驚訝。這些人是我的朋友和盟友，但他們不斷以自身利益的過濾器來解釋我的解釋。我發覺我傳講和教導的聖經在我會友心中被不自覺但不斷地重寫，藉以認可一些行為和價值觀，而對我來說，這些行為和價值觀往往是服事美國的道路（在其中沉溺性消費主義是明顯可見的）而不是十字架的道路（在其中突出的是犧牲的愛）。我在主日所作的廣大的西乃宣告和清新的加利利宣告，在週日期間回到我這裏，在人們不自覺地在私底下的談話和閒談中變成了陳腐的庸俗話和無力的說教。它看來就像有一充滿活力的小型家庭手工業在我的教會裏興旺發展。同時，在第三方面——世界對我崇高地呼喚的神國漠不關心，令我整個事業的有效性成疑。如果人們可以那樣漫不經心和完全地忽略我，我是否在做任何有意義的事情？巴特對羅馬書的註釋在每一方面都幫助我。他無拘無束地深入經文，深入那活水。他是一個這樣充滿生氣的解經家！有時我感到，就某特定的論點，他是對或錯都不重要；他對經文是那麼有耐性地充滿熱誠，他至少不會有賣弄學問這個可怕的命運。在教會這第二方面，我發覺他一頁一頁地將福音的靈性從文化宗教中解除出來，讚賞前者，並拒絕後者。我在周圍留意到「另一個福音」的所有隱晦的誘惑，巴特都更有辨別能力地留意到。他救我脱離了多少好意的宗教廢話！至於世界，巴特有十分豐富的知識，但卻平靜地不受威脅。他明白政治、勞動和監獄；但他相信禱告、聖經和基督的十字架。每次重讀巴特的《羅馬書釋義》都令我在面對世界時沒有那麼膽怯。對我來說，在這方面，這個世紀沒有人做得比巴特更好。

## 9. Teresa of Ávila

THE COLLECTED WORKS. Translated by Kieran Kavanaugh, O.C.D. and Otilio Rodriguez, O.C.D. 1976. □

聖德蘭是毫不矯飾的——這是靈性必須但卻罕見的質素。她是深刻、睿智、玩樂和誠實的。這三冊書令我們沉浸在廣闊的經驗中，而這些經驗都有了不起的清醒。

## 10. John Calvin

INSTITUTES OF THE CHRISTIAN RELIGION. Translated by John McNeill. 1960. □

《基督教要義》。徐譽、謝秉德譯。香港：基督教文藝出版社，1955~1959。 □

靈性包括心靈——**思考**的心靈，嘗試跟從和回應神的思想和神的心。加爾文的心燃燒著，但他的思想是清晰的。這是最銳利的神學之一，但每個字都由一位在有頗為不守規矩的罪人基督徒的教區中的牧者寫下。

**11. John Henry Newman**

APOLOGIA PRO VITA SUA. 1864. □

擁有十九世紀英國最聰明的頭腦的人，也是驚人地謙卑的人。只要放棄一點兒正直，他便可以成為那個世紀最尊榮和得到最多稱讚的基督徒；但他卻被嘲笑、詆毀和輕視——幾乎沒有得到注意。紐曼教導我活出追求神的生命時，永遠都不要期望來自教會或世界的掌聲或獎勵。

**12. William Foxwell Albright**

FROM THE STONE AGE TO CHRISTIANITY. 1945. □

基督教靈性在歷史中形成：真實的時間、特定的地點、有名字的人、特定的語言。開始時它既不是一個觀念，也不是一種感覺。觀念和感覺肯定受到尊重和培養，但卻不是首先出現的。首先出現的是神，行動的神，祂創造這個世界，也進入其中。我們在其中出生和死亡，進食和禱告，工作和遊戲，做愛和作戰。長達超過六十年，奧伯萊教授發現和尋回，觀察和學習，研究和教導構成神的啟示在其中出現和我們的回應在其中展開的條件的大量資料。由於大部分確定的啟示都在中東地區，經過直到耶穌道成肉身的三千年發生，並記載在舊約和新約中，奧伯萊的注意力大部分都集中在那些時間、地點和著作，但幾乎沒有甚麼地方或時間的細節是他沒有留意的。他兼收並蓄，以他十分寬大和有禮的思想／精神令這一切對我們顯得連貫，我們在渴求天堂時需要我們能夠得到的一切幫助站穩在地上。奧伯萊比任何其他人都更向我顯明，靈性怎樣建基於歷史，以及學術怎樣服事靈性。

## 我的私房書

# 二

# 經典著作

熟習經典著作，是能夠與在基督裏的姊妹和弟兄進行明智的談話所必須的。少數作者有跨越代和跨越文化的適切性。他們令我們與靈性的不同方面保持接觸，這些方面是每個人似乎不時都需要處理的。這些書籍現在是否「吸引」我們並不大重要——它們已經**存在**，是地上的巨人。我們必須上升到它們的水平，不要令自己習慣與我們細小的身量為伴。

## 1. Thomas à Kempis

THE IMITATION OF CHRIST. Translated by Ronald Knox. 1959. □

《效法基督》。黃培永譯。香港：晨星書屋，1964。 □

《遵主聖範》。章文新譯。香港：基督教文藝出版社，2001。 □

不是每個人都喜歡這本書，但每個人的清單都包括它。這是我們傳統中出版得最多和最多人閱讀的靈修書籍。它那中世紀修士特色怎樣一直帶到現代世界，實在令人嘆為觀止。韓瑪紹（Dag Hammarskjöld）在非洲死於空難時，行李箱裏的兩本書正是聖經和它。

## 2. Ignatius of Loyola

THE SPIRITUAL EXERCISES. Translated by Thomas Corbishley. 1963. □

《聖依納爵神操》。房志榮譯。台北：光啟文化事業，1978。□

由一位軍人（或前軍人）寫成，這是一系列為期一個月、系統化、有秩序的導引默想。它的影響很大。默想總有單單滑向敬虔的胡思亂想這個危險，但依納爵將它置於堅實的聖經約束之中，並以它把想像拉進禱告。這本書有很多智慧，可以因應不同的氣質和情況而作出無盡調適。

## 3. THE CLOUD OF UNKNOWING.

Translated by E. Colledge and J. Walsh. 1978. □

《不知之雲》。鄭聖沖譯。台北：光啟文化事業，1980。□

我們不知道這本英國十四世紀不尋常的著作的作者是誰。它沉浸在我們現在稱為「左腦」的論述活動——將頭腦中忙碌的思想倒空，將心思轉向純粹的接受。

## 4. Blaise Pascal

PENSÉES. Translated by W. F. Trotter. 1941. □

《巴斯卡深思錄》。秦家懿譯。台北：光啟文化事業，1986。□

《巴斯噶冥想錄》。劉大悲譯。台北：志文出版社，1985。□

《沉思錄》。孟祥森譯。台北：水牛出版社，1993。□

《思想錄》。李斯譯。北京：北京出版社，2004。□

在他的世紀（十七世紀），帕斯卡是一位相當出色的科學家。身為數學家的帕斯卡深入思考信仰，追尋和沉思。這本漫談式、沒有系統的書收集了一些簡短的思想（pensées），是適度和深刻的——一位平信徒堅持追尋真正的神和靈，並經驗祂們的真理。

## 5. Pseudo-Dionysius

COMPLETE WORKS. Translated by Colm Luibheid. 1987. □

雖然很難相信，但除了聖經外，這本書對西方靈修學的影響比任何著作都大。以前人們一直以為這本書是由因為保羅在雅典傳道而信主的亞略巴古的丟尼修（Dionysius the Areopagite）撰寫，但現在我們知道作者實際上是第五世紀的一位希臘人。這本書將新柏拉圖主義（Neoplatonism）大量注入基督教的血管。有些人視這為豐富，另一些人則視之為污染。但無論怎樣，它都已經**存在**，而且是我們必須考慮的。

**6. Athanasius**

THE LIFE OF ANTONY. Translated by Robert C. Gregg. 1980. □

《聖安東尼傳》。陳劍光等譯。香港：恩奇出版社，1990。□

這是一個有趣的對比：安東尼那強烈、徹底的沙漠靈性是對舒適、充滿流言蜚語的埃及宗教一個安靜和單獨的譴責；而亞他那修這個繁忙大城市的牧者卻深深捲入教區和政治中；他講述安東尼的故事，讓不在沙漠的人可以受到安東尼那勇敢的刻意為之所影響。

**7. Bonaventure**

THE SOUL'S JOURNEY INTO GOD / THE TREE OF LIFE / THE LIFE OF ST. FRANCIS. Translated by Ewert Cousins. 1978. □

波納文圖拉做了兩件靈修學常見、但往往不是由同一個人做的事情。他講故事——給我們亞西西的聖法蘭西斯（St. Francis of Assisi）的故事，這個故事仍然是富創意而有影響力的；他也是地圖繪製員，在走向神朝聖那不整齊和難以梳理的領域中進行整理、製作圖表和製訂計劃。

**8. John Bunyan**

THE PILGRIM'S PROGRESS. 1684. □

《天路歷程》。林燕珠、牟善英譯。台北：道聲出版社，2001。 □

這本很絕妙地寫成的寓言以一些名字和情境供給基督徒的想像。這些名字和情境現在已經滲透我們大部分文學。很少有這麼流行的作品同時又這麼準確。

**9. Karl Barth**

EVANGELICAL THEOLOGY : AN INTRODUCTION. 1963. □

《福音的神學——導論》。龔書森譯。台南：東南亞神學院協會，1975。 □

對我來說，巴特是二十世紀最偉大的神學家。他將我們整個基督教傳統收集起來、重新思考、重新宣講和重新禱告。我不想缺少他多冊的《教會教義學》（*Church Dogmatics*）的任何一頁。但這本薄薄、簡短的書包括他在美國再發表的最後演講，在我的閱讀中佔有特別的位置。其中一個原因是我在普林斯頓（Princeton）親身聽過他發表本書的部分內容。但另一個原因是它那「充滿活力的簡潔」（巴特的用語）令神學的本質和必須在我生命中有力地聚焦。

**10. George Fox**

JOURNAL. Edited by Norman Penney. 1924. □

福克斯拒絕所有權威，以經驗試驗一切。他的日記中這種徹底的主觀主義涉及的勇氣，以及伴隨著這種勇氣那些無可避免的錯誤和過失都有指導作用。

## 11. John of the Cross

THE COLLECTED WORKS. Translated by Kieran Kavanaugh, O.C.D. and Otilio Rodriguez, O.C.D. 1979. □

屬靈追尋受到幻想和假象困擾，因為幾乎每個追求屬靈生命的人都期望得到出神作為獎賞。約翰對他稱為我們的「屬靈上對甜食的偏好」沒有耐性。他是徹底的現實主義者，除去假象、幻想和錯覺，引導我們經過隨之而來的破壞，訓練我們辨別信仰的現實。

## 12. Bernard of Clairvaux

SELECTED WORKS. Translated by G. R. Evans. 1987. □

這位十二世紀的修道院院長是一個令人印象比較深刻的例子，他有無比的精力和模塑社會的活動，而這一切都源自默觀的生命。愛是伯爾納的主題，一種非感情用事、頭腦清醒和熱心的愛，而且同等地由自我認識和對神的認識形成。

## 13. Søren Kierkegaard

PURITY OF HEART. 1847. □

《清心志於一事》。謝秉德譯。香港：基督教文藝出版社，2002。 □

所有制度性宗教，所有傳統宗教，所有虛飾的宗教都被祈克果有時尖刻但總是熱情的著作搗毀。他對西方世界的屬靈狀況的診斷繼續檢查教會和基督徒，尋找缺乏活力的信仰和又胖又懶的獻身的標記。

## 14. THE PHILOKALIA.

3 vols. Compiled by St. Nikodimos of the Holy Mountain and St. Makarios of Corinth. Translated and edited by G.F.H. Palmer, Philip Sherrard and Kallistos Ware. 1979. □

這本著作集的作品在長達一千年間（四至十五世紀之間）寫成，是我們接觸東正教（希臘和俄羅斯）那豐富和有活力的靈性最權威的著作。由於文化和歷史的分歧，大部分西方人對東正教都無知。我們的無知令我們貧乏。了解和欣賞這本書中那些充滿光輝和熱誠地實踐的禱告生命令人恢復活力。

## 15. Hans Urs von Balthasar

THE GLORY OF THE LORD : A THEOLOGICAL AESTHETICS. 7 vols. 1982. □

巴爾塔薩是這個世紀在靈修學方面最全面和思想深入的作家。他在禱告和靈修學方面，就好像巴特在神學方面一樣——是一座高山。這位瑞士大師將幾乎整個基督教禱告傳統都重新思考和重新禱告。

## 我的私房書

# 三

# 詩篇

基督教會以希伯來的詩篇作為我們禱告的基本文本。基督徒用詩篇來禱告已經二千年，包括聚集在一起崇拜時集體使用，以及在任何地方和環境向神敞開我們的心時個別地使用。作為在禱告時對信徒產生神聖和具模塑作用的影響，聖經其他篇章或傳統都不能和詩篇相比。

歷代敬虔的學者都懷著禱告的心**研究**詩篇。不過，在研究禱文時有難以克服的困難，因為祈禱要求個人有愛的關係，而不是課室中非個人的智力訊問。但正如所有聖經（和古代）文本一樣，我們需要學者的幫助才能夠從中有最多的發現，因為這些文本寫成的情況和所用的語言都距離我們很遠。那些將他們對經文智力上的敏銳和對神的熱誠尋求結合起來，刺激我們在禱告中明白和渴慕神的學者，帶給我們很大的好處。

**1. Dietrich Bonhoeffer**

PSALMS : THE PRAYER BOOK OF THE BIBLE. 1970. □

這本小書最重要的是它的信息。一生的禱告經驗都濃縮在這簡短的幾章中。當那些殉道的德國基督徒挖到根基時，潘霍華為自己和自己的時代恢復以詩篇禱告這種實踐。

**2. John Calvin**

COMMENTARY ON THE PSALMS. Translated by James Anderson. 1845. □

加爾文一貫都是聖經出色的註釋家，但他對詩篇的註釋超越了自己。這五冊書是對禱告生命的成熟思想，從與詩篇對話並深入信仰的經驗中孕育出來。

**3. C. S. Lewis**

REFLECTIONS ON THE PSALMS. 1948. □

《詩篇擷思》。曾珍珍譯。台北：雅歌出版社，1991。 □

這個平信徒以詩篇**禱告**，並思想自己所做的。如果我們接觸詩篇時，曾經被學者嚇怕或因為遙遠的語言和文化而感到疏離，魯益師那了不起的簡單和毫不矯飾的獻身令我們走回正途。我讀這本書，並想到：「唔，我也做得到。」然後我聽到魯益師回答：「好吧，去——做吧。」

**4. Hans-Joachim Kraus**

COMMENTARY ON THE PSALMS. 1987. □

這可能是這個世紀最好的長篇註釋。它最近被翻譯成英語。

**5. Arthur Weiser**

THE PSALMS. 1962. □

如果要選一冊過的學術著作，我會選這本。它提供堅實、敬虔的學術，但也同時重視崇拜和禱告的本質。

**6. A. F. Kirkpatrick**

THE PSALMS. 1957. □

這本註釋的初版在一九〇二年出版，因此它沒有最新的詞彙學資料，但它的內容是那麼準確和簡明，我發覺它仍然是一本標準的著作，所以將它放在手頭。我很少能接觸那些實際的證據，但我幾乎總是感到克配決刻不單在研究詩篇，也在以詩篇禱告。

**7. Thomas Merton**

BREAD IN THE WILDERNESS. 1971 □

這裏有以詩篇禱告的整個實踐，包括由早期到現在在修士和修女的默觀羣體中發展和培養的實踐。但這不是歷史研究，而是從活生生的傳統中活出的經驗。

**8. Alexander MacLaren**

THE PSALMS. 1892. □

這本書已經斷版。但如果你好像我那樣喜歡維多利亞時代的註釋家，你值得到舊書店找這本書。麥克拉倫是英國浸信會牧師，是維多利亞時代其中一位最出色的註釋家，而詩篇是他最好的註釋書。

**9. William L. Holladay**

THE PSALMS THROUGH THREE THOUSAND YEARS : PRAYERBOOK OF A CLOUD OF WITNESSES. 1994. □

我總在尋找禱告的學者，禱告的神學家，禱告的**基督徒**——朝聖路上的同伴，他們對神比對圖書館、聖所或會議的最新閒談更有興趣。賀樂禮是禱告的學者：這本書收集一生研究希伯來聖經的學術成果，並邀請我們在禱告的先輩中間就座。

**10. Walter Brueggemann**

THE MESSAGE OF THE PSALMS : A THEOLOGICAL COMMENTARY. 1984. □

《詩篇的信息——生命的對話》。范約翰譯。香港：

道聲出版社，1988。 □

這是對詩篇作為靈修學——對神的**經驗**和困難——的最好導論。它不是嚴格意義上的註釋，但在詩篇禱告的性質中提供了一個方向。

**11. Claus Westermann**

PRAISE AND LAMENT IN THE PSALMS. 1981. □

除了是出色的經文學者外，威斯德曼也處理神學面向，將我們的禱告與神的救恩計劃這個更大的背景連繫起來。

**12. Martin Luther**

LUTHER'S WORKS. Volumes 10~14. Edited by Jaroslav Pelikan. 1955~1974. □

路德的其中一個主要貢獻是重新發現經驗可以通往神學。這個發現在詩篇和羅馬書中發掘出來。路德不是「謹慎」，而是沒有節制的解經家。而這是我十分喜歡的。

# 我的私房書

# 四

# 禱告

實踐禱告是由於確信身為人是有可以與神交往這非凡能力。隨著這交往變得成熟，它將我們生命的每一個細節——身體、靈、環境、關係——都收集到由神賦予的生氣中，而那就是靈性。

但拿起關於禱告的**書籍**來讀時需要小心，以免書籍本身轉移我們的注意力，使我們從實際的禱告分心。閱讀關於禱告的書籍很容易變成懶惰地取代禱告。因為禱告不是主題；而是一種存在的形式。

關於禱告的書在它們的位置中都是有用的。它們的位置不是指導，而是作為同伴。和幾個認真看待禱告的人談話有鼓勵作用，他們忠心地從事禱告，樂意誠實和明智地思考自己所做的事。

任何刺激或引導我們留意和回應神的書，從某個意義來說都是關於禱告的書。我嘗試在這裏提供一些關於禱告和關於禱告的行為的書籍。

**1. Friedrich von Hügel**

THE LIFE OF PRAYER. 1921. □

這本包含兩個演講的書雖然很薄，但卻很有分量。馮許格爾是二十世紀其中一位靈修的大師。（這本書的內容也出現在 *Essays and Addresses on the Philosophy of Religion,* 2nd series中。）

**2. Martin Buber**

I AND THOU. Translated by Walter Kaufmann. 1970. □

《我與你》。許碧端譯。香港：基督教文藝出版社，1974。□

《我與你》。陳維剛譯。台北：桂冠圖書股份有限公司，1991。□

禱告不斷有滑向宗教閒談的危險，變成**關於**神的談論。布伯顯示語言的天賦是有能力對那個人——那個「你」——說話，並身為你而不是它來回答。

**3. Eugen Rosenstock-Huessy**

I AM AN IMPURE THINKER. 1970. □

嚴格來說這不是關於禱告的書，而是關於語言和我們怎樣運用和誤用它。我從這位移居美國的德國人，這位歸信基督教的猶太人間接學到的東西，與從大部分直接討論禱告的作者學到的東西同樣多。

**4. Friedrich Heiler**

PRAYER : A STUDY IN THE HISTORY AND PSYCHOLOGY OF RELIGION. 1932. □

這是一本關於禱告的基礎性著作，提供很多資料和分類。這本書不是教導或推動我們禱告，而是引導我們朝向人們禱告的世界，以及朝向他們的禱告方法。

**5. C. S. Lewis**

LETTERS TO MALCOLM : CHIEFLY ON PRAYER. 1964. □

《飛鴻22帖——魯益師論禱告》。黃元林、龐自堅、魯瑞娟譯。台北：校園書房，1999。□

簡潔地睿智，明智的實踐，清晰的思考，這些都是這本書的特點。我們的世界經常將智力和靈性分開，但在魯益師這裏卻完全看不見這種做法，他十分有學識，但卻好像孩子一樣簡單和信靠地禱告。

**6. Neville Ward**

THE FOLLOWING PLOUGH. 1978. □

有時我將這本書送給預備好接受「進階幫助」的人——對神有健康和正在增長的胃口的人。這本書的風格是隨意和容易接近的；內容則是充實的。

### 7. Simon Tugwell

PRAYER IN PRACTICE. 1974. □

PRAYER : LIVING WITH GOD. 1975. □

英國道明會士特格韋爾這兩本書充滿明智的教導，是植根於多個世紀的基督徒禱告，而且表達得相當清晰。語調是當代的，但卻沒有任何創新的東西，沒有任何時尚——這是從舊樹幹開出來的新花朵。

### 8. John Cassian

CONFERENCES. Translated by Colm Luibheid. 1985. □

由第五世紀初一位修士為修士而寫，但這本書也令人驚訝地切合現時，可以作為牧者為牧者而寫的書。迦賢努做了我們也嘗試做的事——在已經改變和不斷改變的世界重塑舊傳統。雖然這本書比較晦澀（除了對本篤會士來說），但我認識的人中，在讀過這本書一次後都說好像「為甚麼以前沒有人向我提及這本書！」這樣的話。

### 9. P. T. Forsyth

THE SOUL OF PRAYER. 1916. □

禱告是我們所做的最個人的事情，我們可以從事的最人性的行動。我們在禱告時，比任何時候都更是我們自己，我們真正、有神形像的自己。那是禱告的榮耀，但也是禱告的麻煩，因為這些我們的自己對自己比對神更感興趣。事實是我們在禱告時是不值得信任的。如果容讓我們自行其是，我們會變得**自私**——專注於我們的敬虔感覺，我們在宗教上的進步，我們的屬靈地位。我們需要引導和大師，將我們的注意力重新放在神身上，令我們永遠留意神的話對我們的優先性。我們需要有富警覺性的神學家在我們右邊。福賽思是這樣的神學家中十分出色的一位。這位作者和牧者沒有廢話，直接攻擊要害。在福賽思陪伴下，我們跪下禱告時同時留意到我們所做的事的榮耀和嚴肅。

## 10. Jacques Ellul

PRAYER AND MODERN MAN. 1973. ☐

根據對我們時代的文化狀況的理解和實踐，有活力和充滿精力地探討禱告的本質。我們永遠不能藉著考古發現——模仿我們的先輩——禱告。我們必須總是在這個時代的背景中進行。埃呂爾是有洞察力和敏銳的導師。

## 11. Kenneth Leech

TRUE PRAYER. 1980. ☐

《真禱告》。羅燕明譯。香港：基道出版社，2001。 ☐

這是關於禱告基本、邀請性的指引。基本但不是初級，是堅實而成熟的著作。

**12. Harry Emerson Fosdick**

THE MEANING OF PRAYER. 1915. □

《祈禱發微》。金邦平等譯。上海：青年協會書報部，1929。□

我年青時的一位牧者，他在講道時經常攻擊富司迪，指他是敵人。那是在關於基要主義的爭論後的幾十年，當時我所屬的基督教陣營視富司迪為敵對一方的領袖。後來我在剛成年時遇見他。在個人的相遇中，我肯定這個人是基督徒，熱心、堅定、不矯飾和委身的基督徒。後來我發現他這本關於禱告的書，也發現它是關於真正禱告的書，而且十分真誠。後來有一天，在閱讀這本書和以它禱告時，我明白富司迪在被我的牧師詆毀時寫了這本書，令數以千計的男女跪下來禱告。我認為我的牧師對富司迪的神學的批評大都是正確的，但他說出那些批評時的精神卻是錯誤的。但現在我想，如果當時我的牧師知道，在全國的講壇毫無節制地譴責富司迪時，他卻敬虔地跪下，奉耶穌的名禱告，我的牧師說的話會否不同。

**13. James M. Houston**

THE TRANSFORMING FRIENDSHIP. 1989. □

《轉化生命的友誼》。陳恩明譯。香港：中國教會研究中心，1992。□

兩個來源為禱告的實踐提供材料。首先和首要的是聖經的資源：侯士庭使我們沉浸在就用聖經禱告而進行的解經上豐富，在默想上熱情的考慮中。那些禱告包括先知書和詩篇，耶穌在三位一體的全面性中的禱告，以及保羅的禱告。所有這些禱告都以彼此間和與神的友誼這個背景來理解。另一個來源是大量禱告的基督教會。侯士庭與禱告的人成為朋友，並使他們成為我們的朋友。這些人包括阿維拉的德蘭和十架約翰、路德和加爾文、赫伯特和聖方濟各沙雷氏（Francis de Sales）。由於友誼是模塑我們禱告實踐的比喻，任何包含技術的含意都明顯是格格不入的。友誼並不因為公式或技巧而增長；我們需要**親歷**其中，與別人作伴，看有甚麼事情發生。我們在處理內在性，有機的東西，是必須成長的；而不是可以謀劃的外在性。侯士庭令我們與自己全部的內在性——氣質、個性、文化——接觸，並幫助我們明白這組成的整全是作為對神的回應。

**14. Richard Foster**

PRAYER : FINDING THE HEART'S TRUE HOME. 1993. □

《禱告真諦——尋找心靈真正歸宿》。周天和譯。香港：基道出版社，1993。 □

傅士德帶領我們進入禱告的大森林，指出每一棵樹的名字，每一棵灌木和每一朵花的獨特之處。和他作伴幾小時後，最初令我們懾服和迷惑的大量細節便變得令我們喜悅，帶領我們更深入那個森林。傅士德在關於禱告的每一方面和各種禱告都是專家和最勇敢的嚮導。

## 15. Alexander Whyte

LORD, TEACH US TO PRAY. 1910. □

懷特是愛丁堡的牧師。他頻密和很好地禱告，就好像他的傳道一樣。並非所有牧者都禱告。這裏有一個很大的諷刺：接受在基督徒羣體中教導和帶領基督徒禱告這個責任的人自己往往並不禱告。懷特卻禱告。他十分有學識和精力，將所有學識和精力都集中在禱告的生命中，並充滿禱告的靈。

## 我的私房書

# 五

# 祈禱書和詩歌集

我在輕視書寫和閱讀式禱文的傳統中成長。書籍上的禱告，死的禱告。閱讀禱文就好像在街上遇到老朋友一樣，很快地翻過一本書找尋合適的問候語，然後讀出：「嗨，老朋友；再次見到你真好。最近怎樣？替我問候你家人。唔，我要走了，再見。」然後將書合上，繼續在路上走，甚至沒有正眼看過我的朋友。很荒唐可笑。禱告的本質要求它是自發和發自內心的。

但我漸漸開始發現一些祈禱書為我提供禱告的話，是我自己似乎並不擁有的。我發覺祈禱書是我不想禱告時給禱告的泵所注的水。我也發覺如果任由我自己禱告，我往往循環地這樣做，過分隱藏在自己裏面，過分限制在自己即時的環境和感受上；而祈禱書正能夠令我脫離自我的刺藤和灌木叢，回到國度那廣闊的土地，在神開濶的天空之下。

令我驚訝的是，在這些書中發現活生生和正在禱告的朋友的過程中，我發現最影響我的禱告是（在聖經中）**寫下來**的，而我們在教會有活力和生氣的歌唱很大部分都是來自一本書——詩歌集——的禱告。我的禱告世界擴濶了。

**1. THE BOOK OF COMMON WORSHIP. 1946.** □

我在成年期間參加崇拜和擔任牧師的教會（長老會）有一本供崇拜不同場合使用的祈禱書。我並不感到它是宗派授權的祈禱書中最好的一本，但它卻是我接受並擁有的一本。在三十五年的牧養生涯中，我都主要用這本書帶領別人禱告，它也是我個人的祈禱書。我喜歡用我知道在多個世紀、在每個大陸的無數教會中數以十萬計先輩用過的詞語和句子來禱告。

**2. John Baillie**

A DIARY OF PRIVATE PRAYER. 1949. □

《私禱日新》。謝秉德等譯。香港：基督教文藝出版社，1977。 □

我發覺這些晨禱和晚禱有一種抑揚頓挫和樸素的美及強烈的誠實。寫下來的禱告總有傾向在全能者面前使用誇耀的修辭和譁眾取寵這個試探。但這些禱告引導我們簡單、直接和即時地禱告。

### 3. Jeremy Taylor

THE GOLDEN GROVE. □

我擁有的這本書是朋友送的，在一六八五年印刷，上面刻有第一個物主的名字：「瑪麗·布萊克，她的書。」這本書的副題是「要相信、實踐和渴望或祈求甚麼；適合一星期那幾天的禱告。」泰羅在一個充滿衝突的時期出任聖公會的主教。正如他在標題頁寫道，他寫這本書，「供敬虔的人使用，特別是年青人。」在鼓勵和引導基督徒禱告時，他最好地事奉基督。雖然語言是古老的，但沒有一句話不繼續令人感到那迫切性。真正的禱告永不過時。

### 4. David Head

HE SENT LEANNESS : A BOOK OF PRAYERS FOR THE NATURAL MAN. 1959. □

我們的禱告大師勸告我們沒有壓制地禱告，將我們心裏的任何話說出來，呼喊出來，甚至哭訴出來。神想我們按我們的本相，而不是我們應該有的樣子來到祂面前。但這並非表示我們應該堅持只以誠實為基礎來禱告。有時我們誠實的禱告是頗為錯誤的，需要糾正。禱告往往需要除去無知和自私。這些禱告提醒我們需要在耶穌和聖經的相伴下訓練我們的那種禱告。

**5. David Adam**

THE EDGE OF GLORY : PRAYERS IN THE CELTIC TRADITION. 1985. □

我們希望我們禱告時會脫離世界的混亂及不和諧。這些寬容、清潔和清晰的禱告幫助我們這樣做，幫助我們清理出空間，在神面前活出真我。

**6. THE STUDENT PRAYERBOOK.**

Edited by John Oliver Nelson. 1953. □

這本祈禱書是作為給學生禱告的指引和鼓勵，但它很快便超出了目標讀者的範圍，成為很多人與禱告及禱告的人那「多樣性和多種情況」保持接觸的途徑。編輯為自己所做的一切帶來新鮮感和活力，對這本祈禱書也是這樣。

**7. Ernest T. Campbell**

WHERE CROSS THE CROWDED WAYS. 1973. □

這些禱告寫成，是為了用來在主日崇拜帶領會眾禱告。它們很好地融合了多個世紀以來，基督徒禱告的核心的主題和措辭，以一個地方教會（紐約市里弗賽德教會〔Riverside Church〕）在某個特定時期（一九七〇年代）的詞彙和迫切性表達出來。

## 8. THE HYMNBOOK. 1995.

詩篇是教會第一本詩歌集。但很快就擴充到包括「……頌詞、靈歌」(西三16)。每代基督徒都在我們唱出來的禱告那集體的作品中加上新的禱告。以前基督徒家裏除了聖經外，還有詩歌集供家庭成員一起或單獨使用是很常見的事。現在是時候恢復這種做法——它為主日在教會的禱告和日常在家裏的禱告(無論是說出來還是唱出來)之間提供必要的連繫。家裏最好的詩歌集就是你教會在主日使用的那本。這一本並不比其他的更好；但它剛好是我大半生都使用的。

## 9. REJOICE IN THE LORD.

Edited by Erik Routley. 1985.

由委員會編輯的詩歌集的優點是能夠滿足某個傳統大部分人的需要，因此大部分宗派都有這樣的詩歌集。但這本由蘇格蘭牧者勞特理編輯的詩歌集卻在選擇詩歌上擺上了專長、一顆心的熱誠，以及一個懂得分辨的頭腦。這表示這本詩歌集比平常給人更多驚喜。勞特理堅實地以傳統詩歌為取向，但也留意在今天由聖靈感動的詩歌。在所有由獨自一人編輯的詩歌集中，我最喜歡這一本。

## 10. INTERVARSITY HYMNS. 1974.

二十世紀的基督徒經驗比以前更多地溢出它傳統的教會

和宗派結構，在宣教和佈道中找到全新的形式。當來自不同背景的基督徒聚集在一起時，他們當然總是一起歌唱。這些準教會的靈性的刺激和開展帶來很多「新歌」。這本詩歌集在尊重主要的崇拜傳統的同時又留意新歌，佔有崇高的地位。

## 我的私房書

# 六

# 崇拜/禮儀

公共崇拜，教會在主日聚集在一起的崇拜，是培養靈性和實踐禱告的基本結構。但在北美洲，我們經歷了一個顛覆性反崇拜的世紀：神聖的時間和地點被顛覆為宗教娛樂，培養敬虔的自戀，成了彌賽亞式空想社會改良主義的表演舞台。但基本的需要是注意神。基督徒獲分派的責任是定期和弟兄姊妹在單單為了注意神而分別出來的時間和地點聚集在一起。如果我們將這寶貴的時候用作其他用途，無論動機多麼良好，都是出賣我們的朋友，我們的羣體，和我們的呼召。

長達三十五年，我所做的最重要事情是每主日站在會眾面前説：「讓我們敬拜神。」我喜歡這樣做，喜歡花在預備這樣做的時間，喜歡進入接著的行動。然後我的召命有意想不到的轉變，我不再這樣做。

我在這些年來一直為別人做的事，現在我卻讓別人為自己而做——我也很喜歡這樣。每個對崇拜的呼召都是呼召我們進入真正的世界。你可能以為，到了生命的這個時刻，我不再需要這種召喚。但我是需要的。每天我都不斷遇到關於現實的普遍謊言，以及對真理有技巧和系統性的扭曲，我總有失去對現實的把握這個危險。當然，現實是神在掌權以及基督是救主。現實是禱告是我的母語，聖餐是我的基本食物。現實是洗禮而不是邁雅斯—布雷格斯類型指標（MBTI）界定我是誰。

我離開一個崇拜的地方時，對所謂「外在世界」的第一個印象往往是它多麼狹小——它的政治多麼微不足道，它的欲望多麼低劣，它的興趣多麼偏向。我剛花了大約一小時，與一些朋友在世界的現實——救恩的大範圍和聖潔的微小細節——中重新校正自己。有那麼多人願意在這樣貧乏和狹窄的環境下生活，令我難以置信。但經過幾小時或幾天後，我發覺自己已經習慣了外面的情況，接受了它的假設，因為大部分政客和記者、藝術家和娛樂界的人、股票經紀和店員都似乎假設那是真實的世界。然後一些牧者或神職人員以「讓我們敬拜神」來號召我回到現實，我又弄清楚，看見整幅圖畫了。

## 1. Gregory Dix

THE SHAPE OF THE LITURGY. 1945. □

如果我們需要有人說服我們相信禱告是基督徒的主要工作，而禮儀是我們進行禱告的主要方法，這本書應該能夠這樣做。無論我們屬於甚麼傳統，是禮儀傳統還是非禮儀傳統，我們都需要知道自己來自甚麼傳統。這本書既生動又全面。

## 2. Howard G. Hageman

PULPIT AND TABLE. 1962.

我從沒有想過有「最好的」崇拜方法。我們並不根據考古原則崇拜。我們的聖經權威並沒有就我們需要作決定的很多細節給我們指示，它對其餘很多關於崇拜的事情也含糊得令人苦惱。但這並不任由我們自己尋求宗教經驗，在貴格會（Quakers）、浸信會（Baptists）和天主教之間瀏覽，尋找當時適合我們情緒和傾向的任何東西。崇拜不是消費活動；它是將我們的身體當作祭物獻給神（羅十二1）。無論我們怎樣崇拜，都必須在羣體中謙恭有禮地進行，並刻意為了榮耀神。「謙恭有禮」和「刻意」表示尊重我們身處其中的傳統。對我來說，這表示在改革宗傳統中理解和感到自在，我在這傳統中蒙召成為葡萄園的工人。哈格曼是新澤西州（New Jersey）紐瓦克（Newark）的改革宗牧師，他在這方面比任何人都給我更大的幫助。這本薄薄的經典著作在教區事奉期間寫成，但卻是源於一生沉浸在思考我們改革宗的先輩，並以他們為禱告。這本書給我焦點、方向和理解，在我身處的時間和地方盡我所能做到最好。

## 3. Rudolf Otto

THE IDEA OF THE HOLY. 1923. □

《論「神聖」——對神聖觀念中的非理性因素及其與理性之關係的研究》。成窮、周邦憲譯。成都：四川人民出版社，1995。 □

《神聖者的觀念》。丁建波譯。北京：九州出版社，2007。 □

這本經典著作探討遍佈對生命所有敬畏取向的可畏感覺，為我們周圍的奧祕提供基礎和方向。

## 4. Mircea Eliade

MYTHS, DREAMS, AND MYSTERIES. 1960. □

我認為對人類基本的宗教敬畏本身有清楚的觀念是有幫助的。因為崇拜正是由這個背景模塑。這裏沒有任何特別屬於基督教的東西，沒有我們會立即看到是我們在聖所進行的崇拜——但這是啟示入侵的世界，我們的基督徒回應也從中產生。

## 5. Annie Dillard

TEACHING A STONE TO TALK. 1982. □

長文〈極地探險〉（“An Expedition to the Pole”）尤其好。這是我讀過基督徒對基督教崇拜實際做甚麼——我們嘗試做甚麼，以及為甚麼我們每次都失敗——的論述中最好的。

**6. Evelyn Underhill**

WORSHIP. 1936. □

堅實地敍述崇拜的世界，首先談論它的本質，然後討論它的歷史形式。

**7. Bard Thompson**

LITURGIES OF THE WESTERN CHURCH. 1962. □

作者從第二到十八世紀選了十三個重要的禮儀。這就是我們一些先輩在主日聚集在一起時禱告的方式。

**8. W. Nicholls**

JACOB'S LADDER : THE MEANING OF WORSHIP. Ecumenical Studies in Worship, No. 4. 1958. □

《雅各的天梯——崇拜的意義》。黃明德譯。台南：東南亞神學院協會，1972。 □

簡短和準確。從牧者的角度撰寫。

**9. Wilhelm Hahn**

WORSHIP AND CONGREGATION. Ecumenical Studies in Worship, No. 12. 1963. □

人們處理崇拜時往往忽略了那背景——會眾。但這裏卻以會眾為焦點。

**10. Max Thurian**

THE EUCHARISTIC MEMORIAL. Ecumenical Studies in Worship, Nos. 7 and 8. 1960. □

杜理安是建立法國的泰澤團體（Taize Community）的其中一位弟兄。這個團體聚集了一些新教修士。杜理安是這個世紀其中一個為符合聖經和改革宗的禮儀發出最有力和清醒的號召的人。

**11. Geoffrey Wainwright**

DOXOLOGY. 1980. □

從崇拜的角度撰寫的系統神學。一本簡明扼要的書。我覺得它特別能夠吸引牧者，因為它是從我們從事自己大部分工作的地方——聖所——出發撰寫的。

**12. Abraham Joshua Heschel**

THE SABBATH. 1951. □

這篇關於時間的本質和神聖的文章為崇拜的舉行奠定基礎。

**13. WESTMINSTER DICTIONARY OF WORSHIP.**

Edited by J. G. Davies. 1979. □

標準的參考書。

## 我的私房書

# 七

# 靈命塑造

聖靈上帝在我們裏面生出和形成基督的生命。我們的靈由聖靈模塑——那就是靈命塑造。

靈命塑造的基本語言是比喻，那些比喻由生物學提供：懷孕和出生，成長和成熟。在約翰和耶穌的出生敍事後，路加都用「成長」這個詞來指身體和屬靈的生長：「那孩子〔約翰〕漸漸長大，心靈強健……」（路一80）；「孩子〔耶穌〕漸漸長大，強健起來，充滿智慧，又有神的恩在他身上」（路二40）；「耶穌的智慧和身量，並神和人喜愛他的心，都一齊增長」（路二52）。保羅用同樣的語言向以弗所的基督徒説話：「……凡事長進，連於元首基督」（弗四15）。這些語言表示生物學上和靈性上的成長是相似的。我們從嬰孩發展到成熟中可見的事物，和基督在我們裏面形成時那不可見的事物是相似的。

我們在明白自己完成生物學上的成長後很久但仍未「長大」，仍未成熟時，通常便會對靈命塑造感興趣。我們發覺自己過著不平衡、破碎和混亂的生活，從衝動突然走向刺激，或者滯留在某個角色或功能中。我們發覺自己渴望有整合的生命，綜合和明智，有中心和整全。這種生命的經典基督教名稱是**聖潔**，聖潔的生命。

然後我們發現正如有些我們所做的事情有助或妨礙我們的生物模塑（關乎營養、運動、照顧健康、學校教育、社交等事情），有些我們所做的事情也有助或妨礙我們的靈命塑造（關乎禱告和崇拜、悔改和委身、運用辨別能力和取得智慧等事情）。

這裏的關鍵詞語是「有助或妨礙」。成長，無論是在生理上還是靈性上（靈性也包括生理）都是奧祕，很大的奧祕，難以理解和複雜的——是聖靈的工作。大部分發生的事情都是我們所知甚少的。大部分進行的事情都是我們不能夠有甚麼作為的。我們在靈命塑造中扮演的角色必然是相當有限的。我們永遠都不能假設我們可以管理或控制它。如果我們嘗試這樣做，幾乎總是帶來損害而不是塑造。

但我們也必定不能忽略另外的選擇。我們需要留心，我們可以恰當地做甚麼來**幫助**而不是**妨礙**在我們和朋友裏面形成成熟的基督生命。我們可以做的微小事情往往可以帶來很大的分別。

傳統以來，基督徒都將靈命塑造理解為在聖潔中發展——過聖潔的生活。在最近幾十年，心理學粗暴地將聖潔從中心擠走，大致上實行了接管。對靈命塑造來說，這大體上不是好事。

當靈命塑造容許自己被行為科學主導時，它無可避免地會世俗化和個別化，只會偶然向上懷著禱告地點頭，尋求在自我實現方面的幫助。自戀的禱告。

因此，雖然我從行為科學家那裏學到很多東西，而且會繼續學到很多東西（其中一些科學家也包括在這裏），但他們卻不是我的主要嚮導。

**1. Karl Barth**

THE CHRISTIAN LIFE, CHURCH DOGMATICS IV, 4, Lecture Fragments. 1981. □

傳統以來，主禱文提供了基督徒靈命塑造的經典焦點。由於在靈命塑造中，進行塑造的是聖靈，我們做的一件必要的事情是禱告，以自己順從聖靈的塑造。巴特是禱告的神學家，禱告不斷交織在他的著作中。他《教會教義學》（*Church Dogmatics*）的這最後一卷闡釋主禱文是十分合適的。這卷書在他死時還沒有完成——他只完成了頭兩個祈求，留下餘下的部分讓我們完成。

**2. Werner Jaeger**

PAIDEIA : THE IDEALS OF GREEK CULTURE. 3 vols. Translated by Gilbert Highet. 1945. □

*Paideia*這個希臘詞語指個人和羣體那全面和綜合的

教育，我們今天通常稱為靈命塑造。雖然這個研究沒有任何特別是基督教的內容（它涉及由荷馬到柏拉圖），但這個以龐大和無所不包的意義模塑品格和文化，卻是西方文明的基礎，而當我們談到靈命塑造這特定的基督教關注時，它阻止我們視這些關注為敬虔的選擇或補充性的宗教活動。靈命塑造是基本的——它**奠定**基礎。希臘人十分認真看待這些事情，並在期中得到很多智慧。這幾冊書以我們先輩的智慧和實踐的最高形式，提供了一個權威的總結。

### 3. Gerhard von Rad

WISDOM IN ISRAEL. 1972. □

在所有屬靈的事情中，希伯來人都是我們的直系前輩。在以色列，「智慧」表示在神的啟示和同在中生活的技巧。和先知的職事（宣告／傳講神的啟示）和祭司的職事（將百姓帶到神的同在中）一起，智慧的職事是關乎我們就啟示出來的事情好好地活，在神的同在中恰當地活。如果我們要與第一代基督徒一致地實行靈命塑造，很重要的事情是我們需要在基督徒靈命塑造中，熟習他們關於品格的塑造和文化的傳授的實踐和假設。他們以前在這些實踐和假設中成長，並繼續在其中成長——而且很大程度上是沒有批評地這樣做。

**4. Margaret R. Miles**

PRACTICING CHRISTIANITY : CRITICAL PERSPECTIVES FOR AN EMBODIED CHRISTIANITY. 1990. □

我們在活出基督教信仰方面的前輩有很多東西教導我們。我們坐在他們腳旁向他們學習。但雖然他們很多人都值得羨慕和明智，但卻沒有一個是沒有錯誤的。我們需要學習篩選和評估。邁爾斯教授沒有研究神學家説甚麼，而是研究實際靈修實踐的手冊，小心檢視那些神學家做甚麼。她是熱情地抱欣賞態度，但也冷靜地持批判態度。她訓練我們那種不易受騙的欣賞，這種欣賞模式不是模仿，而是細緻地進行辨別。

**5. Henry Adams**

THE EDUCATION OF HENRY ADAMS. 1918. □

亞當斯提出一個謎。這是一個十分聰明、極富洞察力、十分篤信宗教的人的屬靈自傳。他生活在所謂基督教國家，但卻從沒有成為基督徒。基督教靈命塑造有甚麼避開或避過亞當斯？或者亞當斯有甚麼東西令他不委身於他幾乎肯定是明白和認可的信仰？亞當斯不是第一個這樣令我們感到疑惑的人，也不會是最後一個。

## 6. James Loder

THE TRANSFORMING MOMENT. 1981. □

這本書十分個人，是從教導和思想靈命塑造的生命而經驗和書寫出來的。理論、實踐和個人在這裏以不尋常的方式整合起來。

## 7. P. T. Forsyth

THE CURE OF SOULS : AN ANTHOLOGY OF P. T. FORSYTH'S PRACTICAL WRITINGS. Edited by Harry Escott. 1971. □

這是豐富的著作，是興味十足的靈修學。福賽思是其中一個人們最常引用的屬靈大師，他以驚人的預知預測我們在二十世紀最後這些年間在其中活動的屬靈狀況。實際上福賽思所寫的一切，無論是神學還是講道，都觸及靈命塑造。這本選集帶出那些最佳的狀態。

## 8. William Law

A SERIOUS CALL TO A DEVOUT AND HOLY LIFE. Edited by Paul Stanwood. 1978. □

《一個重大的呼召——決心渡虔敬聖潔的生活》。周郁晞譯。香港：循道衞理聯合教會文字事工委員會，1987。□

這本總是吸引我的著作有點嚴峻和激烈。那吸引力不在於模仿它，因為那文化和環境（十八世紀的英國）是十分遙遠的。但作者堅持一切關於神的信念，也都同時要在日常禱告和事奉中活出來，卻訂下了一個我不想偏離的標準。

**9. Stanley Hauerwas**

A COMMUNITY OF CHARACTER. 1981. □

關於在神面前怎樣正確地生活的討論往往退化為關於道德困局的爭論，嘗試找出我們在這個情況下可以怎樣做。侯活士將我們的決定置於大得多的背景，在那裏我們有機會發展一種新的生活方式，一個道德／靈性品格的生命，而不僅是實行幾個大致合乎道德的決定。

**10. William James**

VARIETIES OF RELIGIOUS EXPERIENCE. 1902. □

《宗教經驗之種種——人性的探究》。蔡怡佳、劉宏信譯。台北：立緒出版社，2001。□

《宗教經驗之種種——人性之研究》。唐鉞譯。上海：商務印書館，1947。□

詹姆斯是美國其中一個最早和最聰明的哲學家／心理學家。自從他開始，人們對靈命塑造的心理學面向有了很多認識，但沒有人的智慧超越他。心理學對靈性帶來的其中一個危險是簡化論——將靈性簡化為可以量度、測試和解釋的。詹姆士沒有簡化。他沒有將靈性塞入心理學大櫃中一個細小的檔案櫃內。

**11. Erik Erikson**

CHILDHOOD AND SOCIETY. 1950. □

YOUNG MAN LUTHER. 1962. □

《青年路德》。康綠島譯。台北：遠流出版社，1989。 □

這個世紀的所有行為科學家中，我從艾瑞克森學到最多東西。他本來是藝術家，後來才研究精神分析。其後他從精神分析走進歷史和文化，嘗試明白屬靈生命怎樣在童年和少年，二十世紀的男女中表現出來。

**12. Dietrich Bonhoeffer**

LIFE TOGETHER. Translated by John Doberstein. 1954. □

《團契生活》。鄧肇明譯。香港：基督教文藝出版社，1999。 □

在納粹黨統治德國期間，潘霍華在芬根瓦（Finkenwalde）聚集了一個細小的神學羣體。在那裏他嘗試完全結合禱告和研究，神學和靈性。這本書便是成果之一：除了對任何真正靈性都必須有羣體以及羣體的本質有了不起的洞見外，也有有力的見證。靈命塑造不能由我們按自己的方式實行。

## 13. H. C. G. Moule

VENI CREATOR. 1902. □

我有時喜歡沉浸在「維多利亞」的神學和靈修學中——它是閒適、默想、有學識和聖潔的。閱讀莫爾就好像和一個成熟、屬神的人結伴，他是值得我們信任和羨慕的。

## 14. Richard Foster

CELEBRATION OF DISCIPLINE. 1978. □

《屬靈操練禮讚——靈性增長之道》。增修本。周天和譯。香港：學生福音團契出版社，1993。 □

好像一個孩子在下雨天探索一間舊屋的閣樓，發現一個裝滿寶物的箱子，然後叫所有兄弟姊妹來分享那發現一樣，傅士德「發現」現代世界已經收起和忘記了的屬靈操練，興奮地叫我們一起歡慶。

## 15. Adrian van Kaam

FORMATIVE SPIRITUALITY. 4 vols. 1983~1987. □

卡曼神父是一位荷蘭神職人員，他在迪尤肯大（Duquesne University）建立了靈命塑造學院（Institute for Spiritual Formation），嘗試對靈修學和靈命塑造整個範疇進行縝密的學術探究，小心和準確地描述它的所有複雜性。以前沒有人做過這樣的事情。由於靈修學的本質，我不能肯定這個取向是否可取，但卻必須注意它。

## 我的私房書

# 八

# 屬靈導引

我們以另一個人作為屬靈存有(spiritual being)而給對方懷著禱告的注意,以及伴隨著這種注意發展出來的懷著禱告的談話,稱為屬靈導引。所有基督徒都或多或少這樣做,無論我們是否使用這個名稱。如果我們知道這是多麼重要,它帶來多大分別,以及我們在它裏面得到的寶貴遺產,我們會做得多很多。我有時將屬靈導引定義為我們不認為自己在做任何事時所做的事——我們在**那裏**,但不阻在路中,不擋在聖靈的路中,並以我們自己察覺不到的方式被聖靈使用。

在這個時代,我們所做的事很大程度上是以工作描述來功能性地界定,單單在聖靈和真理裏與另一個人一起(約四24)這溫柔和不妨礙的藝術大受忽略。如果我們想對抗魔鬼非人化和將福音商品化的工作,便必須恢復和培養這種古老的基督教藝術。

其他形式的基督教論述,例如傳道、教導和作見證,都有較高的姿態，可以更清晰地界定。對比起來，屬靈導引則是謙卑的工作，不吸引別人注意。因此我們很容易錯過它或低估它。藉著看／閱讀大師工作，我們開始明白學習和實踐這藝術是多麼重要。

**1. Friedrich von Hügel**

LETTERS TO A NIECE. 1928. □

這是一位大師在工作。吸收這些書信中的精神和勸告，你便會得到屬靈導引的基礎和更多其他東西。

**2. Aelred of Rievaulx**

SPIRITUAL FRIENDSHIP. Translated by Mary Eugenia Laker, S.S.N.D. 1974. □

屬靈導引的人類元素只是友誼。不過那不是簡單的友誼。那是十分複雜和要求高的親密。這本十二世紀由英格蘭北部一位修道院院長撰寫的著作，將那複雜和必須性呈現在我們面前，讓我們懷著禱告的心注意。

**3. Francis de Sales**

INTRODUCTION TO THE DEVOUT LIFE. 1988. □

《敬虔生活真諦》。興華譯。香港：循道衛理聯合教會，1990。 □

LETTERS OF SPIRITUAL DIRECTION. Translated by Peronne Marie Thibert. 1988. □

這兩本書特別針對平信徒的靈性，以工作場所、睡房、廚房和市集為背景。我們總傾向以為真正一流的禱告在受保護的聖所進行。這兩本書詳細地反駁這個假設，將敬虔的生命重新安放在世俗和平凡的世界中。（事緣方濟各的主教派他到日內瓦〔Geneva〕勸加爾文的伙伴伯撒〔Theodore Beza〕回到羅馬天主教的陣營。但他沒有成功。）

### 4. Samuel Rutherford

LETTERS. 1891. □

這位十七世紀的蘇格蘭牧師被政治當局禁止他走上講壇。但他寫信給朋友和會友，探索內心和擴展心靈。到舊書店找尋這本書，閱讀它來款待自己的生命吧。

### 5. Kenneth Leech

SOUL FRIEND. 1977. □

這本書嘗試為沒有接觸屬靈導引的人恢復屬靈導引的完整規模，是這門學問的入門書籍。我認為是導論程度最好的著作。

**6. Martin Thornton**

SPIRITUAL DIRECTION. 1984. □

桑頓從聖公會的環境出發。他的優點在於他沒有廢話、直截了當、開門見山的取向。這是對傷感、感情用事、說話滔滔不絕的人很好的解毒劑，這些人似乎遲早會進入這些討論之中。

**7. Thomas Merton**

SPIRITUAL DIRECTION. 1960. □

從另一個角度處理這個課題：從熙都會（Trappist monastery）出發，梅頓吸收默觀的傳統，將它們帶到現代的美國中。

**8. Pierre Teilhard de Chardin**

THE DIVINE MILIEU. 1960. □

本書藉著盡可能建立最廣濶和最深的背景，以很好的方法提出屬靈導引的元素。德日進是法國耶穌會士，專業的古生物學家，他主要的科學工作都是在中國進行。他很擅長跨越界限，建立連繫。

**9. Gerald May**

CARE OF MIND / CARE OF SPIRIT. 1982. □

人們往往將屬靈導引和心理輔導混淆。這裏作者卻將它們分開。作者是精神病學家，很熟悉那門學科；但他放棄那工作，成為屬靈導師。他明白心理學和靈性的分別，驅走將它們混淆的一些迷霧。

**10. WRITING ON SPIRITUAL DIRECTION BY GREAT CHRISTIAN MASTERS.**

Edited by Jerome Heufelder and Mary Coelho. 1982. □

這是一本很好的文集，包括多個世紀和不同傳統的著作。

**11. Francis W. Vanderwall, S.J.**

SPIRITUAL DIRECTION : AN INVITATION TO ABUNDANT LIFE. 1981. □

簡短、個人和包含軼事。絕對不是經典之作，但作為當代見證卻是有用的，見證一個人採取步驟恢復這種實踐，並付諸實行。

**12. Douglas V. Steere**

TOGETHER IN SOLITUDE. 1982. □

嚴格來說，這本書不是關於屬靈導引，而是由這個世紀的一位屬靈導引大師寫成。斯蒂爾是個貴格派。他整個人和所寫的一切都是屬靈導引的某一方面，無論他是否有這個意圖。

## 13. Ralph Harper

ON PRESENCE. 1991. □

關於我們自己最重要的事情不是最明顯的。我們的文化和朋友不斷、無情地外在化我們，令我們偏離真正的自己。因此我們需要抗衡的影響。哈珀十分有洞見和敏銳，讓我們重新留意那同在和自己的存在，否則我們不能和別人一起。

## 14. Marthin Luther

LETTERS OF SPIRITUAL COUNSEL. Translated by Theodore Tappert. 1955. □

由於屬靈導引不是不加區別地運用一般的原則，而是努力在特定的環境下從事靈性工作，個人書信是其中一個最好的表達方式。路德明白神聖的福音和人的心，這雙重認識在這些書信的每一頁都明顯可見。

## 我的私房書

# 九

# 北美洲靈性

每種文化都有自己的屬靈資產和負債。其他語言、世紀和歷史的文化為靈性提供獨特的洞見，但也展現一些盲點。例如奧古斯丁時代的柏拉圖主義（Platonism）提供一個很大的知識框架，幫助信徒將信仰傳遞給外邦的心靈，但同時也令那些不謹慎的人磨鈍了十字架那鋒利的獨特性和伴隨它的所有物質主義。對中世紀的亞里士多德主義（Aristotleianism）、後宗教改革的加爾文主義（post-Reformation Calvinism）和啟蒙的浪漫主義（Enlightenment Romanticism）也可以進行類似的「複式簿記」。每個時代都需要懂得辨別，擁抱它由福音產生的能量和真理，並避免重複它由文化影響的錯誤。北美洲靈性有它自己的味道，需要有受過訓練的味覺去辨別好壞。我在這裏列出的作者並非全都是基督徒，但全都對基督教的信念抱友善的態度。我選擇他們是因為他們每個人都似乎觸及某些北美洲特有的東西。

**1. Anne Morrow Lindberg**

GIFT FROM THE SEA. 1955. □

《海的禮物》。思果譯。香港：友聯出版社，1959。 □

這本書敏銳地記述一個家庭主婦／母親／妻子到海邊幾天，在貝殼中找到比喻，將神的同在，與她日常家庭主婦世界的事務中的心靈意義連繫起來。

**2. Flannery O'Conno**

THE HABIT OF BEING. 1979. □

這本經過編輯的書信集反映了深刻靈性的個人面向。歐康納在很年青（大約四十歲）時便死於狼瘡這令人虛弱的疾病，她最為人所知的是那些極為奇異故事，這些故事講述神以及美國人中間的恩典。而她這名聲也是實至名歸的。這些書信顯示她在創作和等待死亡期間都在思考和禱告。

**3. Henri J. M. Nouwen**

REACHING OUT : THE THREE MOVEMENTS OF THE SPIRITUAL LIFE. 1975. □

《從幻想到祈禱》。香港公教真理學會譯。香港：公教真理學會，1987。 □

盧雲是入籍美國的荷蘭神父。他是多產的作家，對深入生活充滿熱誠，他經驗可能經驗到的一切，然後向我們報告他與神的相遇。

## 4. Thomas Merton

SEVEN STOREY MOUNTAIN. 1978. □

《七重山》。方光珞、鄭至麗譯。台北：究竟出版社，2002。 □

梅頓由紐約自由放任的年青知識分子變成基督徒，然後進入肯塔基（Kentucky）客西馬尼（Gethsemane）的熙都會修院，藉著我們主的靈成為我們這個世紀撰寫文筆清新的屬靈著作的作者中最多產的一個。這不是梅頓最好的書籍，但卻是後來成為他最出色的著作背後的故事。

## 5. Frederick Buechner

THE SACRED JOURNEY. 1982. □

NOW AND THEN. 1983. □

TELLING SECRETS. □

眾所周知，屬靈自傳是很難誠實地寫的；我們在寫到自己和神時，很容易受到試探去作多餘的修飾。畢克納「聆聽自己的生命」，講述他的「內在」故事，沒有矯飾，也沒有消除那些幽暗點。畢克納是長老會會友，他的小說是他其中一些最好的屬靈著作。

**6. Robert Pirsig**

ZEN AND THE ART OF MOTORCYCLE MAINTENANCE. 1974. □

這是以在西部朝聖的故事這個形式講述靈性，以精神病作為底色，也有成長的暗示。這本書充滿智慧，在日常生活中深入探討，為了理解而努力。可以頗為肯定的是，這不是基督教的靈性；它的用處在於在我們文化大致上自行創造的最好事物和耶穌帶給我們的啟示之間開展對話。（如果你可以找到這本書，找有一九八四年的新引言的版本吧。）

**7. Annie Dillard**

PILGRIM AT TINKER CREEK. 1974. □

《汀克溪畔的朝聖者》。吳美真譯。台北：天下文化出版社，2000。 □

《溪畔天問》。余幼珊譯。台北：先覺出版社，2000。 □

這是毫不矯飾的密契神學最出色的作品。蒂拉德是創造的註釋家，就好像加爾文是聖經的註釋家一樣。她以熱情對待麝鼠和嘲鶇，就好像加爾文以熱情對待摩西、以賽亞和保羅一樣。蒂拉德以嫻熟的經文鑑別者那種細心和熱情，閱讀這本創造的書，探究和提問，以手頭的思想和心靈的工具梳理出作者的意思。

## 8. Virginia Stem Owens

WIND RIVER WINTER. □

沉浸於死亡的經驗，並進行反思。一個冬天，作者和她丈夫居住在懷俄明洛磯山（Wyoming Rockies）的一間小屋。她看著世界死去，雪和冰來到，零度以下的風追逐生活在地底或南部的一切。她自己也「正在死去」——她丈夫的事業正陷於危機之中，她的女兒不再是「女兒」，而是成年的婦人，郵遞服務傳來朋友婚姻的訃聞，一位親密的朋友去世，一個陌生人被殺。死亡是天召、情感、自然和有形的。自然和非自然的死亡。突然而來和經過一陣時間才來到的死亡。這一切歐文斯都沒有逃避，也沒有加以粉飾。她擁抱、接受和迎接。然後春天來到。這是一本日記，記載個人渴望「進入宇宙那絕對靜止的中心，基督的死，在那裏我可以放棄一切。」

## 9. Walker Percy

LOST IN THE COSMOS. 1983. □

這些關於文化、語言和基督教信仰的文章結合了小說家的想像的診斷和熱誠的基督徒的信仰。柏西明白我們身處的迫切境況，也有足夠的關心，以致對此有所行動。

## 10. Henry Thoreau

WALDEN. 1854. □

《湖濱散記》。吳明實譯。香港：今日世界社，1964。 □

《瓦爾登湖》。徐遲譯。上海：上海譯文出版社：新華書店上海發行所，1982。 □

《湖濱散記》。孔繁雲譯。台北：志文出版社，1984。 □

《湖濱散記》。孟祥森譯。台北：桂冠圖書股份有限公司，1994。 □

《湖濱散記》。陳柏蒼譯。台北：高寶國際集團有限公司，1998。 □

梭羅是好像以利亞的人物，一個曠野的先知，激烈和簡樸。他從我們思想和心靈中除去凌亂，放慢我們的腳步，使我們內裏的流言止息。

## 11. Ivan Doig

THIS HOUSE OF SKY. 1978. □

我們的現在有一個過去——充滿不完美和不足的過去，這些就是構成現在的聖潔的材料。明白和欣賞這過去，處理我們的父母和家，我們長大的方式、地方和環境，是靈性必不可少的部分。在這本誠實、勇敢和親切的回憶錄中，多伊格在這方面做得很好，令人印象深刻。他沒有犬儒和感傷這些這種嘗試經常落入的泥淖。

**12. A. W. Tozer**

PURSUIT OF GOD. □

《渴慕神》。薛玉光譯。香港：宣道出版社，1983。 □

KNOWLEDGE OF THE HOLY. 1948. □

《認識至聖者》。薛玉光譯。香港：播道會，1978。 □

這位牧師堅守自己的崗位（在芝加哥四十年），以佈道的熱誠結合大公的智慧禱告和寫作。這是不加掩飾的敬虔、美國風格，結合了多世紀的洞見和傳統。

**13. John Woolman**

JOURNAL. 1774. □

簡樸和美，加上對不幸的人一分安靜的社會性憐憫，是這位貴格會裁縫和店員的靈性的特點。武爾曼經常旅行及為奴隸和印第安人發表演說。但他在工作期間從沒有忽略自己的心。

**14. Madeleine L'Engle**

THE CROSSWICKS JOURNALS. 1980. □

大部分讀者都主要是透過蘭歌的小說認識她；我卻是在這些日記中首先遇到她，被她的誠實和植根於基督教所吸引。我也是回到這些日記，藉以與有最強委身——卻又毫不矯飾——的作者建立友誼，以致以寫作作為我身為基督徒的召命。

## 15. Dorothy Day

THE LONG LONELINESS. 1952. □

桃樂絲．黛開始她的職業生涯時是奉行馬克思主義的記者，對受剝削的工人和窮人充滿熱誠。後來她信奉了基督教。她繼續以記者為職業，但現在是對同一羣人——受剝削、無家可歸者和窮人——懷有基督的熱誠。她的通俗報紙《天主教工人》（*The Catholic Worker*）每份售價一便士，闡述基督教的社會良知和在紐約街頭實行出來的行動。桃樂絲．黛體現一種靈性和禱告方式，在其中深刻的個人敬虔和激進的社會／政治行動是不能分開的。

## 我的私房書

# 十

# 小說家

小說家在基督徒禱告、相信和順服的同一個範疇工作，在平凡生命的各種相互關連中犁地、播種和收割。厄普代克（John Updike）這番話支持我小說是屬靈閱讀必不可少的一部分這個信念：「小說絕對稱得上是人類發明的自我檢視和自我展示工具中最微妙的。心理學和X光帶來一些預示未來的影子，人口統計數據和頻閃觀測攝影進行一些精細的分析，但關於身為人類的全部香氣和臭味，薄薄的含糊和蔓生的真實，空氣和鐵，我們日常的道德歷險的火和精神，卻沒有甚麼可以比得上小說：它令社會學顯得傲慢，歷史顯得有問題，電影媒體顯得平面，《國家詢問報》（*National Enquirer*）顯得好像上週的穀類早餐盒子一樣愚蠢⋯⋯在小說中，追尋重要的事情的人傾向遺漏的一切都留下來。」

世界狀況好像一陣隱定和無情的酸雨，從我們奪去故事、身分和**地方**。但在特定的地方，給特定的人的救恩故事卻構成基督教靈性的狀況。如果我們沒有故事，被稱為「任何地方」的「居民」，基督徒生命的獨特性便被擦掉。同時，任何數目的小說作家一天復一天，一年復一年地工作，對抗這些世界狀況，顯示所有存在的故事形貌，堅持每個人那不可減約的身分，以及地理上這片土地的榮耀。

我認為任何對故事、人和地點這些我們的救恩在其中實行出來的基本狀況認真的人都會歡迎小說家，以他們作為朋友，尋求花時間與他們作伴。當然，不是所有寫小說的作家都夠資格成為盟友。我們必須懂得分辨，但數目頗大的小說家和我們一起對抗世界那些削弱靈性的狀況。

## 1. Fyodor Dostoyevsky

THE BROTHERS KARAMAZOV. 1879~1880. □

《卡拉馬助夫兄弟們》。耿濟之譯。台北：志文出版社，1968。□

《卡拉馬助夫兄弟們》。傅光明縮寫。台北：業強出版社，1994。□

《卡拉馬助夫兄弟》。王幼慈譯。台北：小知堂出版社，2002。□

《卡拉馬助夫兄弟們》。臧仲倫譯。台北：聯經出版事業股份有限公司，2004。□

畢克納形容這本小說是「偉大、熾熱的大雜燴式書籍。它有枝節蔓生的眾多人物，太長的篇幅，但卻因為杜思妥也夫斯基留有空間讓任何東西都可以進入，以致可能是聖靈本身不時進入其中，令它成為我認為是最好的宗教小說——也就是較少是**關於**宗教經驗，而更是閱讀它本身**就是**宗教經驗：對上帝的經驗，包括祂那隱藏的同在和祂驚人的缺席。」一九九〇年由佩瓦爾（Richard Pevear）和沃洛霍斯基（Larissa Volokhonsky）翻譯的版本是最好的。

**2. Walter M. Miller**

CANTICLE FOR LEIBOWITZ. 1959. ☐

我們活在天啟的時代——這似乎明顯不過。但如果我們不小心，末日情緒的壓力可以驅使我們進入反靈性的死胡同——逃避現實或危言聳聽。這個故事訓練我們在災難中——無論是實際還是只是有迹象——身為信仰的看守者，理智和頑強地生活。

**3. George Eliot**

MIDDLEMARCH. 1871~1872. ☐

我只做了幾個月牧師時，一位比我年長的朋友因為我未讀過這本維多利亞小說而感到驚訝。所以我便讀了這本小說。他對我的沒有文化修養感到驚訝是對的。靈性上的親密和對召命的自負的糾結，是基督徒生命中的蘋果裏面的蟲子。這本小說以一個令人難忘的故事以作出診斷的方式敘述這種生命。

## 4. George Bernanos

DIARY OF A COUNTY PRIEST. Translated by Pamela Morris. 1937. □

我頭兩次讀這本書時，以為它是真實的故事，知道自己有一個正直的標準需要達到。當我後來知道這本書是小說時，雖然感到驚訝，卻並不失望。如果有甚麼改變了的話，就是真實的感覺加深了。

## 5. James Joyce

ULYSSES. 1922. □

《尤利西斯》。金隄譯。台北：九歌出版社，1993。 □

《尤利西斯》。蕭乾、文潔若譯。台北：時報文化，1995。 □

這個故事講述一個平凡的猶太人在一個大致是平凡的城市——都柏林（Dublin）——平凡的一天二十四小時期間的生活，但這個故事卻被演繹成好像神話，每一件事背後都有尤利西斯的基礎故事。這是一個例子，顯示故事有能力產生本來不受注意的意義，但有一個分別：我們看到在我們自己生命中以及我們的朋友和鄰舍生命中活出的是耶穌的福音故事，而不是尤利西斯的希臘神話。但喬伊斯讓我們看到那個方法。

## 6. Herman Melville

MOBY DICK. 1851. □

《白鯨記》。葉晉庸譯。香港：今日世界社，1969。 □

《白鯨——莫比·迪克》曹庸譯。上海：上海譯文出版社；新華書店發行所，1982。 □

《白鯨記》。鄧欣揚譯。台北：桂冠圖書股份有限公司，1994。 □

我們整個國家都在愛默生主義（Emersonianism）的影響之下，這種陽光普照的樂觀主義假設，只要我們認真對待自己，有深刻的思想，一切都會很好。梅爾維爾向超驗主義（transcendentalism）那精美地配合的齒輪進行破壞，強調有邪惡需要應付，而且是很大規模的邪惡，既以人的形式（亞哈船長〔Captain Ahab〕），也以大自然的方式（鯨魚無比敵〔Moby Dick〕）出現。靈性的事務不單是陽光和超靈（Oversoul）；還有魔鬼和他所有使者。

## 7. Graham Greene

THE POWER AND THE GLORY. 1940. □

《權力與榮耀》。張伯權譯。台北：遠景出版事業公司，1982。 □

有沒有人完全認真看待按立將我們拉進去的十足權力和榮耀？在我們這個時代的屬靈氣氛，牧職傾向降格為有利益的事業。但格林認真看待按立，他對古老的牧者的描述將一些在召命上神聖的東西刻進我們的想像中。

**8. C. S. Lewis**

TILL WE HAVE FACES. 1956. □

《裸顏》。曾珍珍譯。台北：雅歌出版社，1991。 □

在靈性上的老生常談是，我們需要成為我們想看到、聽到和接受的。但這老生常談往往被忽略。這個故事令我們很難再忽略它。

**9. J. R. R. Tolkien**

THE FELLOWSHIP OF THE RING. 1965. □

《魔戒首部曲——魔戒現身》。朱學恆譯。台北：聯經出版事業公司，2001。 □

托爾金是天主教徒，他吸收和消化了所有古老的冰島和條頓（Teuton）神話，在這龐大和非凡的故事中以基督教的色彩重新演繹。

**10. Anne Tyler**

SAINT MAYBE. 1991. □

泰勒每本新小說都是全新的練習，看穿將人定型，阻止我們看到「神的形像」的標籤和俗套。她在小說中創造的人物總是有點古怪，不大配合我們認為人類應有的樣子。我們大部分人都那麼習慣身處由醫院、學校、商場和社會服務提供的類別，以致我們被其他基督徒，特別是基督徒領袖以相似的方式對待時，也不提出反對。但只要我們默許，便會失去實現神最有興趣透過我們實行的工作：聖潔，表示變得更像我們受造／得贖的自己，而不是更不像自己，化約為能夠配合宗教計劃的樣子，也不是為了教會的效率而變得非人化。

**11. Walker Percy**

THE SECOND COMING. 1980. □

如果祈克果活在今天，選擇以小說作為書寫形式，他的小說可能會好像這本書一樣。柏西結合了幾個關注，它們也是牧養靈性關注的核心：對語言的關心，對人們怎樣看和活出真理感到好奇，以及神對反福音的宗教那強烈和幽默的批評。

**12. Sigrid Undset**

KRISTEN LAVRANSDATTER. 1929. □

溫茜特在中年信主，她將自己對罪和救恩的大部分認識融入中世紀挪威一個婦女的廣大生命中。

**13. Walter Wangerin, Jr.**

THE BOOK OF THE DUN COW. 1978. □

THE BOOK OF SORROWS. 1989. □

這兩本小說對救恩在其中工作的罪及邪惡的世界提出了深入的洞見。這兩本書以野獸作為角色——一隻公雞、一羣母雞和各種其他動物，透過我們的想像，吸引我們進入救恩的複雜世界，給我們嚴肅的警告：我們永遠永遠都不能將救恩的工作置於我們掌握之中。溫格林是當代說故事的人中，其中一位最出色的。

**14. Ruby Wiebe**

THE BLUE MOUNTAINS OF CHINA. 1970. □

維貝專門寫有關門諾會的故事，這是基督教一種受到很多毀謗的堅韌形式——一種基督教的「猶太人」。他們往往被放逐，但永遠沒有被打敗。但在基督教的宗派光譜中，門諾會並不為人所熟悉。雖然是虛構，但這個故事講述門諾會在德國、俄國、烏克蘭、加拿大和巴拉圭的堅忍、受逼害和在羣體中生存的真實故事。門諾會是激烈反文化的基督徒，他們繼續在世界和教會滲入改變，這本小說展示他們怎樣做。

**15. Robertson Davies**

THE DEPTFORD TRILOGY. 1985. □

長達五十年，戴維思都寫以充滿屬靈無知和愚昧的北美為背景的小說，講述成熟的屬靈智慧。我們有幸有這位智慧的大師闡述我們大部分人在這些黑暗的年間（在自己和別人裏面）要處理的各種生命。這位多倫多（Toronto）的作者寫的一切都值得閱讀；這個系列的小說提供堅實的中心，我們從中可以得到指示和喜悅。

**16. Wallace Stegner**

THE BIG ROCK CANDY MOUNTAIN. 1945. □

史德格奈在我生命中，並為我的生命成為其中一個首要的說故事者。我在西部一種無政府／民粹主義的氣氛中成長。我們不重視權威，也沒有延續過去的觀念。我在其中成長的市鎮，在我到達那裏時只有四十年歷史。我沒有傳統的觀念。我祖父母的斯堪的納維亞（Scandinavia）距離我半個世界那麼遠，我的山谷那些庫特耐（Kootenai）和賽利希（Salish）印第安人在任何有活力的意義上也不是我的祖先。人們經常遷移，尋找「更好的情況」。我童年時家人搬遷過十次。經驗是強烈的，有時更是光榮的，但卻不屬於任何龐大或歷史性的事情，我對福音的理解也因而化約為那暫時的和「更好的情況」。在這本小說中，史德格奈從我生命的材料中製造一個故事。他成長的地方距離我家鄉只有數百哩，但比我早三十年，那是和我的市鎮相似的市鎮。我讀他關於美國／加拿大西部的故事和其中的人民時，在其中認出大部分和我一起成長的人，以及我所有的感覺，我學習和使用的語言，那流浪癖和孤單，那無根和無宗教的貧窮／後代。成年後，我有為了與我理解為**基督教**文化更一致的東西而拒絕這一切的危險。史德格奈將我經驗的材料，土地和天氣，俗語和習俗，偷工減料建成的市鎮和將就的工作變成故事。他從中造出一個宇宙，顯示這個國家和其中的人民是能夠構成情節和連貫性，足以和荷馬的希臘或馬可的加利利媲美。

## 我的私房書

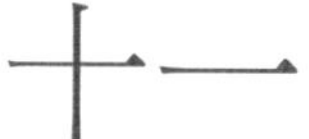

# 詩人

詩人是基督徒朝聖者的天然盟友，我們需要培養他們的相伴。我們這些在見證、傳道和教導、交談和禱告中那麼經常使用言詞的人，需要關心言詞——不要讓它們化約為只是傳遞訊息。每當我們開口說話時，聲音、節奏和意義這錯綜複雜的組合，在世界上主要是由詩人守護。

聖經有超過一半是由詩人寫的。如果某些傳遞給我們的東西，其藉以傳遞的形式是重要的話——而事實確實是這樣——那麼詩歌和詩人便是任何有責任聆聽和見證「成肉身的道」的人都需要考慮的。

詩人做的第一件事是使我們放慢腳步。我們不能速讀一首詩。詩需要重讀。散文填滿書頁。但和散文不同，詩留有很多空白，也就是說，沉默伴隨著聲音佔重要的地位，對理解這些詞語是重要的。我們讀詩時不能匆忙。我們留意連繫，感覺那節奏，聆聽那回響。這一切都需要時間。有很多東西需要看、感覺和感受。我們坐在一首詩面前，好像坐在一朵花面前，留意形式、關係、顏色。我們讓它開始影響我們。我們閱讀散文時往往掌控著一切，但面對詩，我們卻感到失控。有些事情在發生，是我們不能立即固定的，我們往往感到不耐煩，轉而閱讀簡德斯（Ann Landers；譯按：美國著名專欄作家）。在散文中，我們追求某些東西，要取得資料，得到知識。我們盡可能快地閱讀，以取得我們想要的東西，好好加以運用。如果作者寫得不好——也就是說，如果我們不能很快地明白她——我們便感到不耐煩，把書合上，心想為甚麼沒有人教她寫明白易懂的句子。但在詩歌中我們採取不同的態度。我們預備感到迷惑，回頭，等待，思想，聆聽。這專注，這等待，這尊敬的姿態，是信仰的生命，禱告的生命，崇拜的生命，見證的生命的核心。如果我們太急於說話，便犯了褻瀆罪。詩人使我們放慢腳步，詩人使我們停下來。再次閱讀，再次閱讀，再次閱讀。

**1. Dante**

THE DIVINE COMEDY. Translated by Dorothy Sayers. 1949~1962. □

《神曲》。朱維基譯。上海：上海文藝出版社，1962。 □

《但丁神曲》。王守仁譯。台北：正文出版社，1965。 □

《神曲》。遠景編輯部編選。台北：遠景出版事業公司，1978。 □

《神曲》。王維克譯。北京：人民文學出版社，1980。 □

《神曲》。林錦昌著。台北：時報文化出版企業有限公司，1995。 □

《神曲》。黃國彬譯註。台北：九歌出版社，2003。 □

偶然一種文化、教會和個人滙合在一起，以致一切都以一份整全、完整的感覺結合起來。這就是這種情況的一個例子。幾乎構成靈性的一切——那些扭曲、失敗、考驗、成就和祝福——都得到安排和整理，構成節奏和比喻，然後敍述出來，讓我們可以看到我們的經驗可以放在整體的哪裏。這也是對罪最詳細的分析，特別是靈性的罪。

## 2. John Milton

PARADISE LOST. 1667. □

《失樂園》。韓正光譯。台北：正文書局，1972。 □

《失樂園》。朱維之譯。台北：桂冠圖書股份有限公司，1994。 □

靈性主要是關乎神；其次是關乎罪。我們對神的尋找或被神尋找，都發生在違抗或逃避神這最隱晦的誘惑的環境中。米爾頓的想像力穿越道德的外表，揭露負面靈性的錯綜複雜，以及不斷削弱和侵蝕順服神、尋求神、接受神的反靈性。基督徒需要熟悉這個課題，而米爾頓是一位好的大師。

### 3. Gerard Manley Hopkins

POEMS. Edited by W. H. Gardner. 1967. □

霍普金斯是英國的耶穌會士，他努力掙扎著要整合他神職的召命和詩人的天賦。源自這掙扎的詩在語言和靈性上都是令人讚嘆的。我總是留意認真看待言辭的基督徒朋友，他們對言辭的認真是足以和他們對道的事奉相比的。霍普金斯在這方面做得很好。

### 4. William Carlos Williams

PATERSON. 1963. □

這本詩集是在平凡的日子，在一個平凡的市鎮，以言辭持續和不慌張地留意平凡的人，是基督徒對自己生命所做的事的必然結果。威廉斯是古老學派的醫生，上門診症，將自己沉浸在鄰舍中，留意破碎的玻璃和談話的片斷，將他的專注寫進詩中。威廉斯不是基督徒——他實踐一種世俗的靈性——但他的詩那透澈和謙卑在靈性上是健康的。

### 5. Luci Shaw

POLISHING THE PETOSKEY STONE. 1990. □

WRITING THE RIVER. 1994. □

這些詩是實行聖潔的大工場。多年以來，我一直都帶著蕭爾一本一本薄薄的詩集，用來閱讀，也讓人讀給我聽——觀看和聆聽。我為了環保而使用這些詩集：它們將噪音從空氣中濾走，讓我可以聽到寧靜的聲音每早晨將創造吹進來；它們從風景中擦去原油的污垢，令我在面上、農田和家具中這些盛載恩典的東西中看到輪廓。那些影像和聲音一直都存在，但習慣、陳腐和匆忙阻礙了它們。這些詩在**此時此地**低訴「聖哉，聖哉，聖哉」。在仍未察覺，並在完全不移動的情況下，我步進了神聖的空間，神聖的時間。我比以前多參與一點現實（有時多很多）。

### 6. Marianne Moore

COLLECTED POEMS. 1951. □

這些詩是精細地製作的手工藝品，包含有力和健全的真理。雖然這些詩從沒有提到神，但卻總是關於祂——與混亂的混沌搏鬥，成嚴謹的秩序，在跳鼠和蒸氣壓路機掩蓋下看救恩的輪廓。穆爾小姐的兄弟是長老會牧師，她也經常到他在布魯克林（Brooklyn）的教會參加崇拜。

### 7. Richard Wilbur

POEMS. 1963. □

單就熟練和耀眼來説，就我所知，沒有人可以和維伯相比。但還不單這樣：創造作為創造得到欣賞和歡慶。身為人的任務作為涉及價值、選擇和肯定的任務得到勾劃。

**8. William Stafford**

STORIES THAT COULD BE TRUE : NEW AND COLLECTED POEMS. 1977. □

斯坦福的詩的簡單和準確不斷譴責我在佈道時誇張和在講道時狂放這些天生的傾向。現實（如果真的是現實而不是虛幻）並不需要粉飾。神（如果真的是神而不是偶像）並不需要炒作。

**9. John Donne**

THE HOLY SONNETS. 1635. □

鄧恩是十七世紀倫敦的聖公會牧師，和赫伯特（我在「基本書籍」中提到他）是同代人。但他和赫伯特十分不同。赫伯特安靜而謙虛，在普通的教區這個領域工作；但鄧恩卻引人注目和激烈，在大城市處理大事件，面對惡龍和死亡。

**10. Emily Dickinson**

COLLECTED POEMS. Edited by Thomas H. Johnson. 1960. □

對我來說，狄金生詩作的重大價值在於它們間接地觸及屬靈生命。這裏有一種害羞的間接性，經過濫調和過分熟悉，抖出陳腐的經驗，帶來新的觀念。

**11. Jack Leax**

REACHING INTO SILENCE, THE TASK OF ADAM, COUNTRY LABORS. □

這些是有佈道性的樸素詩歌，有一種一針見血的靈性。是自然的詩歌：痛苦、大地、樹木、木柴烟、人性。

**12. Czeslaw Milosz**

COLLECTED POEMS. 1990. □

米洛茲的奇妙是他有能力在他的詩中擁抱我們整個世紀。而這是一個怎樣的世紀——充滿破壞、放逐、世俗化、理想幻滅、無根、混亂的世紀。一個殘酷的世紀，其中大部分都進入了他的心靈。在這些詩中，米洛茲關心這一切和更多的事情，但卻沒有提高他的聲線，沒有努力製造效果。也沒有失去他對耶穌是主和救主的信心。他的見證因為是那麼謙卑和那麼不裝腔作勢地說出而更給人深刻的印象。

**13. Margaret Avison**

SELECTED POEMS. 1991. □

阿維森是神的其中一個密探。她在由世界、肉體和魔鬼佔領的地區前進，在那裏發現美、恩典和真理的細節，神的細節。我發覺阿維森是加拿大其中一位最出色的詩人。

## 14. T. S. Eliot

THE FOUR QUARTETS. 1943. □

《荒原／四首四重奏》。杜若洲譯。台北：志文出版社，1985。 □

《四個四重奏》。裘小龍譯。桂林：漓江出版社，1991。 □

艾略特以長詩《荒原》（*The Waste Land*）確立二十世紀的靈性診斷者這個名聲。但如果《荒原》是診斷，《四個四重奏》（*The Four Quartets*）便是治療。艾略特將禱告和靈性的生命的大部分壓縮和描繪到這些詩中。

## 15. W. H. Auden

FOR THE TIME BEING. 1944. □

我每個將臨期都閱讀這個「聖誕神劇」（Christmas Oratorio），讓奧登的想像擴展我自己的想像，將伯利恆和貝萊爾（Bel Air；我居住了三十年的市鎮）連繫起來。奧登了不起的地方是他絕對相信基督教的故事，也相信它繼續是當代的故事，而且能夠以我們的用語再次說出這個故事。

## 我的私房書

# 十二

# 牧師

如果我是護士、科學家、水喉匠或律師，這一章便會處理這些男女在其中一種這些職業中活出他們的靈性。但我大部分的職業生涯都是在一間只有一個牧師的教會擔任牧師。因此，我的主要連繫是與工程師、家庭主婦、貨車司機、教師、律師、商人、股票經紀、雜貨店文員、護士、醫生、農夫和木匠——也就是說，不是牧師的男女交往。由於工作狀況是我們靈性一個很大的因素，我十分在意幫助會友在他們職場的特定環境活出他們的基督徒身分和行為。我這樣做的其中一個方法是鼓勵他們見那些在相似的職業環境中活出信仰的人，或者閱讀關於這些人的故事。在期間我發覺沒有人幫助我處理在**我的**職場作基督徒的特定張力、試探和動力。我想我最好為自己做我鼓勵別人做的事情。

牧師做甚麼？真正做甚麼？做得最好的那些人做甚麼？靈性——這神及熱情的生命——對牧師來說，並不比工程師、木匠、快餐店廚師或家庭主婦更困難。但那些「情況」卻是獨特的，因此回應需要對情況有充分的應付。禱告的生命，也就是說，真實、熱誠和有創意地活出的生命，在牧師之間是特別危險的，因為在日常工作中有很多可以提供公共但虛假的代替品。我找出一些做得很好的牧師，然後與他們作伴，向他們學習，被他們責備，藉著透過想像和禱告進入我可以從他們的故事中學到的東西，在我的貧乏和教會的荒原上找到盼望。以下這些是對我特別有幫助，保護我脫離宗教名人的有害影響，並保守我到末了。

1. **Alexander Whyte**

BUNYAN CHARACTERS IN PILGRIM'S PROGRESS. □

牧養生涯的兩條支柱是禱告和學習。這兩者是懷特生命中的巨大香柏木樹幹。這位牧師對本仁的經典著作的評註有敏銳的才智和溫情的投入。懷特是指導牧者的牧者。

2. **Richard Baxter**

THE REFORMED PASTOR. Edited by Hugh Martin. 1956. □

巴克斯特留意自己在神面前的生命，多於他教區會友的屬靈狀況。我們大部分人都將這個比重顛倒過來。但巴克斯特是做得對的——或者，更好是說，他將自己的年日花在基德明斯特（Kidderminster），嘗試做得對。

### 3. Martin Thornton

PASTORAL THEOLOGY : REORIENTATION. 1958. □

桑頓是英國聖公會的牧者，也是這個世紀最清醒的牧養神學家。他越過那些時尚，直達中心，在那裏，禱告將牧養工作模塑，令它「每早晨都是新的」。每當有機會，我都大力支持桑頓。（他為英國聖公會這個特定環境而寫作，但我發覺很容易就我的非聖公會狀況作出補償性的調整。）

### 4. Eduard Thurneysen

A THEOLOGY OF PASTORAL CARE. Translated by Jack Worthington and Thomas Weiser. 1962. □

牧者特尼森和巴特教授有長期、令人羨慕和互動的友誼。特尼森將巴特的思想在自己的牧養實踐中進行測試；巴特將特尼森的經驗帶進自己的教義學中。他們都肯定了對方。

### 5. Frederick Buechner

THE FINAL BEAST. 1965. □

我成為牧師時，以為這召命會保護和培養我的靈性——由於我整天都在做關乎聖經和禱告的工作，我整個基督徒生命都會變得更容易。但事實並非這樣。這本小說講述事實其實是怎樣。在這個牧師的故事中，雖然細節和名字都不同，但試探的錯縱複雜，恩典的更錯縱複雜，以及聖潔的無限靈性都是一樣的。

**6. Wendell Berry**

THE UNSETTLING AMERICA. 1977. □

貝里是肯塔基的農夫，他也寫小說、詩和散文。每當他寫「農場」，我都以「教區」或「教會」取代。每次都行得通。我從這位農夫身上，比從所有教授那裏學到更多可用的牧養神學。

**7. Benedict**

THE RULE. Collected in *Western Asceticism*, translated by Owen Chadwick. 1958. □

嚴格來說不是為牧師而寫，但本篤是修士的牧者，他的智慧和意見在多個世紀以來都管用。他明白為了別人和關乎別人而活的屬靈生命的本質。對我們這些負責在教會模塑屬靈羣體的人，本篤是一位明智的同伴。

**8. John Henry Newman**

GRAMMAR OF ASSENT. 1870. □

我們永遠都不能忘記，牧師也有思想。紐曼的思想——有些人認為是十九世紀最敏銳的——在牧養而不是學術的環境中盛放得最燦爛。沒有人在教區的環境中運用和實踐智慧比紐曼做得更好。

**9. Francis Trochu**

THE CURE D'ARS. Translated by Dom Ernest Graf. 1927. □

十八世紀毫不矯飾的法國神父維亞內（Jean Vianney）（一七八六～一八五九）以簡樸和聖潔終生牧養他的村莊。這仍然是誠實的牧養工作其中一個最有力的模範。在羅馬天主教會，他是堂區司鐸的主保聖人。

**10. Jonathan Edwards**

A TREATISE CONCERNING RELIGIOUS AFFECTIONS. 1959. □

《宗教情操真偽辨》。神學翻譯團契譯。台北：基督教改革宗翻譯社，2001。□

愛德華滋所寫的一切都源自他與教會的經驗。他總是嘗試明白和保護，培養和發展神聖啟示和人類經驗之間的交接。往往分開成心理學和神學的東西，在愛德華滋的牧師生涯中連結和整合起來。

**11. Dietrich Bonhoeffer**

SPIRITUAL CARE. Translated by Jay Rochelle. 1985. □

這是潘霍華最後被翻譯的其中一本書，確定了他的主要天賦是牧者和牧養神學家。

**12. Jean Leclercq**

THE LOVE OF LEARNING AND THE DESIRE FOR GOD. 1974. □

長達一千年，修士都是歐洲的主要屬靈導師。那累積了一千年的經驗是牧養工作其中一個最豐富的資源，但可悲的是這個資源往往受到忽略。勒克萊克是盧森堡（Luxembourg）的本篤會士，他比任何人都更認識這個世界。

**13. David Hansen**

THE ART OF PASTORING. 1994. □

在教會科技和神職專業化這潮流中逆流而上，漢森呈現的牧養志業主要是一種藝術——交織了直覺和洞察力，禱告和比喻，服事耶穌時謙卑及對罪人不感情用事的愛。這不是大部分牧師追求的，但卻是大部分基督徒希望他們的牧師追求的。

**14. Walter Wangerin, Jr.**

THE ORPHEAN PASSAGES. 1985. □

在說故事這個大背景下，溫格林與我們展開關於牧養神學的談話：語言、信心、受苦、基督、死亡、復活、聖潔和故事——總是故事。但這談話全都在個人學習神學，在信仰中成長，在牧養傳道、探訪和犯罪的日常性這個背景中展開。牧師也是基督徒——或者可以是基督徒，只要有特別的恩典。牧師不是會眾中的基督徒，被提升五倍，因此成為講壇的基督徒。牧師活在其中的信仰，在細節和深度上和所有基督徒相同，但**環境**不同，而魔鬼的試探也配合那環境，主的祝福也是這樣。溫格林比我認識的任何人都更接受和明白這些細節——他找出那確實的感覺，那些名字後面加上「牧師」這個稱號的男女的信仰的具體性質。

**15. Reinhold Niebuhr**

LEAVES FROM THE NOTEBOOKS OF A TAMED CYNIC. 1929. □

尼布爾後來成了北美其中一位最出色的神學家，但他在這個世紀第二個十年時在底特律（Detroit）的工業區，以藍領會眾的牧師這個身分開始自己的工作。他在困難的境況下當了十三年年青的牧師，學習真實地傳講基督，真誠地服事人們。這本書記載了這些經歷。雖然我活出我牧養召命的條件十分不同，但當中涉及的靈性卻幾乎完全相同，我因為在這工作中有這位同伴而喜悅。這不是一位專家，以權威的身分告訴我們怎樣做，而是一位同伴，和我們一起犯錯，經歷失敗，明白那工作的堅持和奇異恩典。

## 我的私房書

# 十三

# 耶穌

耶穌是屬靈生命的中心人物。祂的生命就是啟示。祂將我們自己不能想出來，即使用一百萬年也猜不到的東西公開。祂是神在我們中間——說話、行動、醫治、幫助。祂是用我們的言語，在我們的歷史中的神。

四卷福音書的作者告訴我們關於耶穌，我們所需要知道的一切。我們基督徒閱讀、思想、研究、相信這四福音，並以它們來禱告，並在它們裏面找到神的旨意和對我們的愛那完全的啟示。

但我們也發覺四卷福音書的作者對啟示的記述頗為省略和有保留。有很多事情他們都沒有告訴我們。還有很多事情我們想知道。我們的想像很想補充那些細節。耶穌的樣子是怎樣的？祂怎樣成長？祂童年的朋友怎樣對待祂？在木匠的工場那些日子祂做甚麼？

當然，總有作者滿足我們的好奇心——告訴我們耶穌實際上是怎樣的。但耶穌的「生平」——以想像建構耶穌的生平，加上童年的影響、情感的色彩、鄰舍的閒言和社會／文化／政治的動力——是以不能令人滿足而聞名的。我們得到的似乎總不是向我們啟示神的耶穌，而是發展作者的一些理想，或支持作者的一些目的的耶穌。讀完這樣的書時，我們發覺我們對耶穌的認識更少，而不是更多。

這種對認識耶穌，比福音正典的作者選擇告訴我們的更多的渴求實際上始於第二世紀。最早在故事填補空隙的人有了不起的想像力，但卻缺乏誠實；他們沒有告訴我們，他們提供的補充細節只是他們想像的產物。他們有些人假冒使徒的名義寫作，為自己的發明提供權威。其他人則宣稱自己的虛構實際上有聖靈的默示。教會很快便厭倦了這種對耶穌的想像性修補和創造性的擴充，表示需要停止這種做法。教會領袖作出決定：馬太、馬可、路加和約翰是關於耶穌的決定性話語。對於這個課題，再沒有其他話說。

禁止發明耶穌的新故事和新言論實際上釋放人們的想像力，進行一些恰當的相關事情——和馬利亞一起在心裏思想耶穌（路二19、51），想像我們自己在福音書呈獻的耶穌同在下，進入耶穌啟示的神的同在中；或者想像人們遇見耶穌的其他環境，要不是令他被再釘十字架，就是再次得到相信。自從那時開始，我們便在講道和研經，在故事和詩歌，在聖詩和禱告中這樣做。

**1. Romano Guardini**

THE LORD. 1954. □

瓜迪尼對基督徒的道路很有認識和經驗，他寫了關於很多不同課題的書籍，帶領歐洲基督徒經過很多危機。他以小孩子的簡樸和信靠來到耶穌面前。他深思、相信和懷著禱告的心寫作，閒適地處理耶穌的言行，正如福音書的作者告訴我們那樣。

**2. David Smith**

THE DAYS OF HIS FLESH. 1905. □

以我們對第一世紀的社會、經濟、政治和宗教情況的認識為背景，努力、敬虔和清醒地呈現耶穌。這本書收集了十九世紀關於耶穌的最佳學術成果，連貫地呈獻出來——它表達得那麼好，以致現在仍然是我們當中的經典著作。學者對這裏的很多歷史細節都有改進，但在對耶穌其人和祂的事奉的敬畏和理解方面卻未能超越史密斯。

**3. Günther Bornkamm**

JESUS OF NAZARETH. 1960. □

學者的釋經和歷史審視並非總能夠給我們很好的幫助；他們往往沒有令耶穌顯得更清晰，反而令祂隱藏在細枝末節的迷霧中。但博恩卡姆這位德國教授卻給我們很大幫助。他篩選了一世紀的考古和文本研究，以簡明和令人耳目一新的清晰提出他的發現。

**4. François Mauriac**

THE LIFE OF JESUS. 1937. □

莫里亞克是小説家，他只以信徒的身分寫作，見證神成為人。他以正派的克制寫作，壓抑任何令他修飾、偏離神聖啟示的小説家傾向。但他也運用小説家使用文字的技巧，讓耶穌的人性在細節中顯得生動和真實。

**5. G. K. Chesterton**

THE EVERLASTING MAN. 1925. □

切斯特頓以他典型的豐富、機智和辛辣的雄辯，將耶穌從（所謂）有學識的否定和敬虔的無知中拯救出來。因為耶穌的問題不單關乎耶穌——問題是人類。我們怎樣看和對待耶穌，是我們看和對待別人的方式。在耶穌的神性中成問題的是人性的完整。沒有人比切斯特頓更好地揭示這些實際的相互關係。

**6. Malcolm Muggeridge**

JESUS REDISCOVERED. □

馬格里奇是英國記者，大半生生活在我們認為是現代世界的頭版，犬儒和世俗。後來在生命的後期，他成了基督徒。

價值觀、行為和見解這突然和完全的改變為思想耶穌的獨特性提供一個獨特的視角。

**7. Pär Lagerkvist**

BARABBAS. 1951. □

耶穌的生命模塑我們的生命，無論這是否我們的意願。我們不能逃避耶穌那界定性的同在。巴拉巴不是門徒，不是耶穌的追隨者，也不是信徒，卻只是因為耶穌才得以存活，而且永遠不能忘記這事。至少贏得諾貝爾獎的挪威小說家拉格爾克維斯特是這樣想像巴拉巴的故事。由於我們大部分人都十分熟悉耶穌的故事，在講述這個故事時很難不落入陳腐和俗套的窠臼。但藉著只透過耶穌對巴拉巴的影響來間接看祂，每一個細節都有新鮮感。這本書完全沒有任何陳腐的東西。

**8. Dorothy Sayers**

THE MAN BORN TO BE KING : A PLAY-CYCLE ON THE LIFE OF OUR LORD AND SAVIOUR JESUS CHRIST. 1943. □

這齣話劇在第二次世界大戰期間首次在英國電台廣播時，參與教會聚會的正當人士聽到耶穌用倫敦街頭常見的口音和詞彙說話，都感到反感。關於異端的尖刻指控幾乎好像納粹黨的空軍（Luftwaffe）晚間的轟炸一樣干擾平靜。在處理耶穌的人性時，有一種相當常見的靈性張力，比處理祂的神性困難得多。

**9. Francis Thompson**

THE HOUND OF HEAVEN. 1923. □

這首長詩的比喻和節奏巧妙地進入想像，並繼續以耶穌那堅持的存在性令我們驚訝，吸引我們，與我們對質。今天沒有人寫這種詩，他們也不應該這樣做，但對我來說，它的不合潮流卻增強了它在屬靈上的準確。

**10. Alexander Whyte**

THE WALK, CONVERSATION, AND CHARACTER OF JESUS CHRIST OUR LORD. 1905. □

有了所有研究，所有書都寫過和讀過後，我們發現講壇仍然是聆聽關於耶穌的事最好的地方。耶穌不是要研究的主題，而是要傳講的人，而懷特**傳講**耶穌。他傳講得多麼好啊！

**11. P. T. Forsyth**

THE PERSON AND PLACE OF JESUS CHRIST. 1910. □

有沒有可能在神學上準確而不致於學究？有沒有可能在神學上熱誠而不致於造作？神學的藝術是一方面避免將耶穌

化約為命題和資料，另一方面又要將祂呈現為吸引人的主和按自己的條件發出邀請的救主。福賽思是神學藝術家，他為我們很出色地這樣做，而且比大部分人都做得好。

## 我的私房書

# 十四

# 偵探小說

我的孩子年幼時，我對我們作為家庭，聚集在晚餐桌前時會怎樣複製教會，充滿著敬虔的理想主義，特別是在主日。在早上崇拜後回到家裏，坐下來吃主日的晚飯時，我會嘗試開始和引導討論，是能夠將在聖所的禱告和讚美帶到我們飯桌上的飲食的。我會問他們覺得第二首聖詩怎樣，或者他們是否喜歡講道的引言。他們有沒有留意到助理長老在讀經期間拼讀麥基洗德時那新奇的花樣。但從沒有發展出真正的談話。一個主日，我在失望中突然靈機一觸，運用另一個方法。我說：「在牧師祈禱後，把頭垂下的格林先生沒有抬起頭。周圍的人以為他仍然在禱告。但在祝福後他仍然沒有移動，人們發現他死了。他被謀殺。兇手是怎樣下手的？動機又是甚麼？」談話便開始了。是**真正的**談話。雖然缺少敬虔，但卻充滿生氣。我們從讀經中找尋提示，在聖詩中篩選證據，研究長老會純正的教會外貌背後是否可能有罪。每個星期都會有另一個受害人。

我們那謀殺案的家庭作坊並沒有維持多久——就我記得，只維持了幾個星期。但那已足以令我進入偵探小說那逃避現實的樂趣之中。我很快便發覺學者、牧者和神學家都沉迷在這種樂趣中。馬賽爾（Gabriel Marcel）總是強調，我們需要選擇視生命為要解決的難題，還是要進入的奧祕。那麼，為甚麼那麼多男女選擇不時進入奧祕，閱讀完全不是奧祕的偵探小說，問題總是在最後一頁得到解決？我認為其中一個原因可能是，對和錯在日常生活的含糊中往往變得模糊，但在謀殺案中卻清楚地勾劃出來。我們在幾乎被相對主義和主觀主義的熱氣和沉重的氣喘令我們窒息之際，偵探故事給我們道德和智力的呼吸空間。

牧者和神職人員在職業上與聖潔的神有關連，卻花大部分時間和各種想像得到的罪人為伍。有些人頗為樂意承認自己的罪；但也有很多人對罪加以隱瞞。由於他們的生活經驗令他們沉浸在罪的異常行為中，擔任神職的男女特別有資格偵查罪案。我很大程度上將這裏對謀殺小說的評註限制在情節中以宗教人物——牧師、神甫、修士、修女、拉比——為主要角色的故事。

**1. G. K. Chesterton**

THE FATHER BROWN STORIES. 1929. □

溫和、說話溫柔的布朗神父毫不矯飾和謙遜，他破案時總是令人驚訝。他們不明白，一生都在聽告解，對偵破罪案來說是最好的訓練。奧登是認信的基督徒，也自認上了偵探小說癮。他寫道：「布朗神父破案，不是好像科學家或警察那樣採取客觀的方法，而是藉著主觀想像自己是兇手，這個過程不單對兇手是好的，對布朗神父自己也是好的，因為正如他自己說：『這可以在事前令人後悔』」（*The Dyer's Hand* 〔New York: Random House, 1962〕, 156）。

**2. Ellis Peters**

THE PILGRIM OF HATE. 1984. □

中世紀的修士卡達菲弟兄（Brother Cadfael）在破謀殺案時也傳播大量醫學、心理學和屬靈知識。（現在至少有二十個卡達菲偵探故事；它們周圍形成了一種類似崇拜的團體。）

**3. Virginia Stem Owens**

MULTITUDE OF SINS. 1994. □

我並非每天都同時享受偵探小說和受到講道啟發。在追查糾結在一起的罪案時，監獄牧師卡莫斯基（Kamowski）講了一堂道，是比我們從講壇聽到的大部分道都好的。這是一系列偵探小說的第三部（頭兩部是 *Point Blank* 〔一九九一〕和 *Congregation*〔一九九二〕），以德薩斯州（Texas）一個細小的社羣為背景，在那裏罪惡的行為引發基督徒的洞見。

**4. William X. Kienzle**

THE ROSARY MURDERS. 1979. □

底特律的連環謀殺案令克斯勒神父（Father Koesler）除了聽告解和主持彌撒外還有事可做。但罪和聖潔仍然是這工作的框架。現在已經有超過十六本克斯勒神父的故事。

**5. Harry Kemelmen**

SUNDAY THE RABBI STAYED HOME. 1969. □

除了破謀殺案外，史莫拉比（Rabbi David Small）讓非猶太讀者透徹地明白拉比做甚麼，以及會堂羣體怎樣運作。現在每天都有拉比故事。

**6. D. M. Greenwood**

CLERICAL ERRORS. 1991. □

布雷斯韋特（Theodora Braithwaite）是聖公會一位女執事，她目光敏鋭，能夠看出帶來屍體的罪和帶來靈魂死亡的罪。格林伍德在安排謀殺的情節和辨別罪兩方面都同樣出色。

**7. David Willis McCullough**

THINK ON DEATH. 1991. □

托德（Ziza Todd）是棕色頭髮的長老會神學生，準備接受按立從事福音工作，但她發現自己沒有註冊也沒有交學費便修讀關於罪、詐騙和謀殺的研究院課程。對在烏托邦式靈性的傾向上孕育它自己罪的種屬，這裏有的敏銳觀察。

**8. Rex Stou**

FER-DE-LANCE. 1934. □

《高爾夫球場謀殺案》。李宜容譯。台北：天天出版社，1998。 □

史陶特無數謀殺案件中的肥胖偵探伍爾富（Nero Wolfe）不是神職人員，但長達三十年，我都以閱讀他的故事作為基督徒在世界的默觀性存在的一個比喻來娛樂自己和一些朋友。流行的想像因為同代性而變得麻木，在伍爾富的故事中只看到偵查。但史陶特撰寫的著作的每一部分，在神學上都和斯威夫特（Swift）一樣明白易懂，結果是他好像聰明和足智多謀的偵探小說作家那樣成了暢銷書的作者。當然這樣令他在金錢上得益，但對嚴肅的作家來說，這樣完全被人誤解一定令他感到屈辱，無論他的銀行戶口有多少錢。但一旦有人暗示了那神學意圖，僅僅稱得上偵探的人很快也會發現伍爾富是一種教會在世界的同在。他明顯的東西，也就是他的身體，提供了作為教會的比喻。他那龐大身軀是他「體重」的明證，令人想起聖經的「榮耀」的詞源。他比一切都更可見地存在。他是人們必須考慮的。他是肥胖或者甚麼也不是。而教會是基督的身體。伴隨著堅持身體的同在，還有相應的觀察——那個身體沒有甚麼吸引人之處。他的身體受到誣蔑和取笑。他的天才在於他的思想和風格。他不討好客人，也不尋求「接觸」（剛巧這個詞是他從來都不用的。有一次有人發覺他將一本辭典一頁一頁地拆散，將它燒毀，因為它賦予「接觸」及物動詞這個地位）。伍爾富不會為了公事而離開自己的家，也就是不會要自己適應世界的需要。他是行動圍繞的中心，意志和默想的中心，不是權力和活動的中心。他為基督教靈性提供典範，雖然沉默和克制，但在需要時卻有廣大的同在。他毋須宣傳技巧或公關計劃。他就是存在和被需要，因為世界有些問題（謀殺和其他極端罪行）。他示範一種默觀的生命，不是要讓人愛，不是設計來令人愛。它是龐大的、中心的、重要的——實際上是天才。但你毋需要喜歡它。這一切都暗示對屈從於登上基督教講壇，令教會吸引人——將它個人化、浪漫化——的公關人士的批評。身為基督教的事奉，伍爾富對這種事情提出譴責。這自然有一種對辯解性解釋的鄙視——巴特式的避免對向尋求它的可靠和有效的世界實行「護教」。對這種提問，他說：「我可以將我的話告訴你，我知道它的價值，但你卻是不知道的。」當屬靈生命嘗試為自己辯護或令自己以世界能夠理解的方式變得可以接受時，它便被貶低。

## 9. Ronald Knox

THE FOOTSTEPS AT THE LOCK. 1928. □

《閘邊足印》。席玉蘋譯。台北：遠流出版社，2007。 □

嚴格來說，這本書並不符合我的條件——但卻是由神職人員寫的。而且寫得那麼好，我不能將它遺漏。諾克斯是這個世紀其中一位最好的英語散文家，他那隨和的優雅比得上他情節的巧妙。他不寫關於謀殺的偵探小說時，則帶領退修會，並給我們由拉丁語翻譯過來的現代聖經譯本。

**10. Ralph McInerny**

JUDAS PRIEST. 1991. □

道林神父（Father Dowling）擅於破謀殺案；他又同樣擅長看穿當代文化的謊言，和揭露以現代和啟蒙這個面目出現的無知、使人靈魂枯竭的生活。

**11. Margaret Frazer**

THE NOVICE'S TALE. 1992. □

場景是英國中世紀的一間修道院。修女實行那行動。宗教改革前的靈性提供氣氛和背景。

**12. Erik Routley**

THE PURITAN PLEASURE OF THE DETECTIVE STORY. □

這位蘇格蘭牧師為所有被發現閱讀偵探小說時感到內疚

的人提供這樣做的合法性。他收集了喜歡閱讀別人的罪的著名學者、牧師和神學家的名字，思想帶來那樂趣背後的屬靈動機。

## 13. Umberto Eco

THE NAME OF THE ROSE. 1983. □

《玫瑰的名字》。謝瑤玲譯。台北：皇冠出版社，1983。□

《玫瑰之名》。林泰等譯。重慶：重慶出版社，1987。□

《玫瑰之亂》。林周戚譯。吉林：吉林人民出版社，1995。□

以十四世紀意大利一間方濟會修道院為背景。那裏發生了連環謀殺案。培根（Roger Bacon）的門徒威廉弟兄（Brother William）接受了老師在歸納論證方面的訓練，這門學問裝備歐洲知識分子開展科學的年代。威廉弟兄在這修道院要破解這些謀殺案。不單他的偵查給我們娛樂，我們也學到大量當時的實際歷史情況，方濟會的靈性那清新的單純很快分解為多種宗教異端，令意大利有一段時間成了屬靈的垃圾站。

# 我的私房書

# 十五

# 聖經註釋

我自己選的第一本聖經是司可福註解聖經（*Scofield Reference Bible*），是我在十三歲時用自己的錢買的。那本聖經有摩洛哥皮革作封面，以精良的印度紙印刷，價值十元九角五仙美元，在一九四六年是相當大的數目。我聽到一位我尊敬的成年人説，要理解聖經，這本註解聖經是不可或缺時，便決意要得到它。我選的第一本聖經也是我的第一本聖經註釋。

十年後我以很可能比必須有的更大熱情差不多拒絕司可福對經文所寫的一切註釋。我討厭他的標題和大綱的騷擾。不過，無論我與這個人有多大的爭執，我都不否認他令我終生都喜愛聖經註釋。

我閱讀聖經的方法好像有些人閱讀小説那樣，由頭讀到尾，不遺漏任何內容。我承認聖經註釋的情節和人物發展都很弱，但它們對詞語和句法那敬虔的注意令我一頁一頁地翻看下去。情節和人物——救恩的情節，彌賽亞這個人物——在註釋中隨處都得到暗示，即使有幾十頁，甚至幾百頁沒有提到他們，但也繼續堅持他們的存在。這些古老的名詞和動詞在一個接一個的世紀都吸引有學識的男女進行知性的論述，這一直都令我驚訝。

在我看來，那些對聖經充滿熱誠的人總好像足球愛好者在酒吧聚集一樣，巨細無遺地重述他們剛看過的比賽，為了旁述和意見而展開爭論（甚至打鬥），並在論述中加入關於球員的閒話。這些狂飲間的討論的知識水平令人印象深刻。這些球迷看了比賽多年，球員對他們來說是家喻戶曉的名字。他們知道球例的細則，留意球場上每一個細微之處。他們也十分關心比賽發生的事。他們那似乎無盡的評論證明他們多麼關心。好像他們一樣，我在註釋中不單享受知識，也享受與有學識和經驗的朋友談話，對聖經經文進行探究、觀察、提問。我被這個由創世記一直伸展到啟示錄的情節吸引，被彌賽亞的同在迷住，在死亡和復活中祂拯救我們所有人，當中有很多值得留意，值得談論的地方。

## 1. George Adam Smith

ISAIAH. 2 vols. 1889. □

史密斯寫《以賽亞書註釋》時是蘇格蘭阿伯丁（Aberdeen）女皇十字架自由教會（Queen's Cross Free Church）的牧師。在那裏時，他結合了有力的傳道事工和牧養工作及學術創新。當時正值對聖經研究出現新批評的時代，教會經常走向兩極化，要不是蒙昧地持守敬虔主義，就是自大地持守理智主義。但史密斯表明兩極化並非不能避免的。在這個背景下，這本註釋有了不起的成就，在智力方面十分誠實，在福音的靈性上也充滿熱誠。

## 2. William Temple

READINGS IN ST. JOHN'S GOSPEL. 1959. □

《默想基督——讀約翰福音箚記》。兩冊。張伯懷譯。成都：廣學會，1949；香港：基督教文藝出版社，1952。 □

身為聖公會的主教，坦普爾每年一次帶領教區的神職人員退修，以約翰福音的選讀和註釋培養他們。坦普爾是很好的神學家和真正的牧者；這本書顯示他準確地結合了在他生命中發生的學習和禱告。非正式、簡樸和深刻共冶一爐。

## 3. Gerhard von Rad

GENESIS. Translated by John Marks. 1961. □

我只遇過溫拉德一次，而且只是相當簡短。我是「座談會」（Symposium）的客人。那是普林斯頓（Princeton）的一個讀書會，每月在古老的「普林斯頓旅店」（Princeton Inn）舉行一次晚餐會。那天晚上溫拉德從德國到訪，應他的多年好友裴柏爾（Otto Piper）教授的邀請作為嘉賓出席。裴柏爾介紹溫拉德，並請他說幾句話。那間房間的光線比較暗，我離他大約三十呎。他站起來說話。我記得他個子高高，有很多皺紋，具有阿爾卑斯人種的特徵。他大概只說了兩三分鐘，但卻給我留下深刻的印象。那不是閒談，人們在這種場合預期的輕鬆幽默。他沒有說開場白便直接談及亞伯拉罕。我不記得他說的內容，但記得他一再重複「奧祕」、「黑暗」、「信心」和「禱告」。由於溫拉德說話的地方比較暗，有一段時間，對我來說，亞伯拉罕在他裏面存在，是經過多個世紀的真實存在，從那陰影中，從信心的溝通和禱告的能量中出現。多年以前，在神學院時，我的希伯來語教授告訴我，德語是最重要的閃族語言，於是我便學習這種語言。溫拉德的《古以色列的聖戰》（*Der Heilige Krieg im alten Israel*）是我第一本由頭到尾讀完的德文書。在過程中，對我來說，希伯來語和德語在溫拉德這個人裏面融合起來。現在，看著他和聽他說話，那兩種語言的所有複雜和困難都變成一些獨特地屬靈、有亞伯拉罕特色和神祕的東西。我在普林斯頓那個聚會後回到家裏時，第一件做的事情是買溫拉德的創世記註釋。一頁一頁地讀下去，我證實了我對這位註釋者的第一個印象：強壯、寬容、嚴肅、神祕。在堅實的學術裏面和背後，我察覺到一份迫切感和信心。這裏尤關重要的是生命。每個句子都是重要的。神學結合到語文學。後來我知道這本註釋可以追溯到一九四四年，當時他每天向巴特克羅伊茨納赫（Bad Kreusnach）戰俘營的其他囚犯講解創世記。這本書在逆境和牧養關顧中證實是可信的。

### 4. Austin Farrer

THE REVELATION. 1964.

我成長的教會以想像力閱讀和解釋聖經。學習得不到很大重視，但想像卻可以自由發展。教育實際上受到懷疑。人們告訴我那是對不能相信神的能力可以透過聖靈的即時傾出成為「祂自己的解釋者」的補償。但講故事，創造比喻，揭示「更深的意義」——這一切都受到尊崇。我沒有聽從敬虔的朋友警告，走到老遠接受神學和聖經的訓練時，這些評估被逆轉過來。想像受到輕視；理性和批判的智力得到推崇。我不加思索地接受了老師的思想。到我得知在初期教會，在安提阿（Antioch）和亞歷山太（Alexandria）之間在詮釋上的兩極化時，我堅定地站在安提阿陣營，辱罵亞歷山太派。安提阿的解釋者是清醒的，以歷史為基礎，對經文的謹慎程度好像錶匠一樣。亞歷山太的解釋者十分放肆，好像體操運動員跳離彈牀一樣離開經文。我細心地接受批評和語法的訓練，學習在經文面前採取負責任和理性的態度。我從教會歷史中學到，歷代忠心的傳道人和教師，正如古德曼（Ellen Goodman）所說，狂熱地使用聖經作為羅夏測驗（Rorschach test）而不是宗教測驗，將意思讀進墨迹中多於從墨迹中找到意思，因而帶來很大的破壞。我的立場便得到確定。然後我接觸到法勒的著作，明白亞歷山太派仍然有道理。想像不能在詮釋的任務中被禁制。詩歌是聖經的形式。故事是福音的文類。法勒是牛津（Oxford）基布爾學院（Keble College）的院長，也是新約和哲學學者，是受過訓練的思想家和有學識的解經家，同時想像力又十分豐富。我閱讀法勒討論福音書和啟示錄時，發覺自己再次回到童年和少年那充滿色彩的世界，在比喻中玩樂，在神祕解釋中感到喜悅，但有一個很大的分別——這想像由可以找到的所有語法上的洞見和歷史資料引導和節制。在對啟示錄的註釋（一九六四）中，法勒的表現最好，他了不起地顯示「右腦」和「左腦」在謹慎的論述中一起工作，勇猛的安提阿野狼和玩樂的亞歷山太羔羊在聖山上和平地躺在一起。

## 5. Gordon Fee

1 CORINTHIANS. 1987. □

經文鑑別學這門嚴謹的研究和準確的判斷為我們確立儘可能準確的希臘語和希伯來語聖經，但這種學問有時被視為所有學術追求中最不「屬靈」的，在勃朗寧（Robert Browning）的語法學家眼中，它被無情地定型為「……愛上*hoti*〔譯按：希臘的小品詞〕，但腰部以下都是死的。」那工作畢竟主要是收集和排列數以千計的微小資料——數算詞語和詞語的變化。但那定型化的假設在這本註釋上被粉碎。費依教授是教會經文鑑別學的專家，每當他觸及經文鑑別或解經的問題時，那個問題便有了生命——我們看到詞語十分重要，以及箇中的原因；不可能給聖經經文的微細和具體細節過多注意。但這裏遠遠不單是累積具體的批註；這裏有熱情和明智地進入聖靈的生命，這生命創造了哥林多教會，並引發這封書信。而這結合——解經的準確和熱情的靈性——實在罕見。哥林多書信在不小心或帶著意識形態來閱讀時，為教會帶來很多損害，令基督徒分成不同派別，加深對抗。但在費依教授有紀律的智力和健康的靈性下，經文以神自己的道這個面貌出現，模塑明智和強壯成熟的基督徒生命。

**6. F. Dale Bruner**

THE CHRISTBOOK. 1987. ☐

THE CHURCHBOOK. 1990. ☐

這是我最希望有的註釋：與聖經進行神學搏鬥。布魯納與經文角力，不單作為技術性的釋經者（雖然他在這方面也做得很好），也作為教會的神學家，熱誠地關心這些話告訴我們甚麼關於神和我們自己的事。在這裏，他將自己很好的教導恩賜用來服事基督徒羣體，關心我們，就好像他關心經文一樣。他的馬太福音註釋是在奧古斯丁、加爾文和路德這些偉大傳統下進行——浩瀚和閒適，喜愛經文，喜愛經文中的人，和閱讀經文的基督徒。

## 7. Gregory of Nyssa

THE SONG OF SONGS. Translated and edited by Herbert Musurillo, S. J., in *From Glory to Glory.* 1961. □

雅歌可能是聖經中最多人寫註釋的書卷，雖然它沒有提神的名字。這卷書的主題是愛。猶太人和基督徒都發覺這卷書迷人、吸引和有培育作用。今天的理性批評者傾向輕視和鄙視雅歌，認為它「只是」收集了色情的詩句。但敬虔的讀者發覺這些情詩仍然以愛的眾多形式、變化和組合，反映和折射愛的洞見和真理、美和痛苦：兩性之間的愛，神對我們的愛和我們對神的愛，基督對教會的愛和教會對基督的愛。在所有關於這卷書的出色註釋中，我特別喜歡女撒的貴格利的註釋。貴格利是第四世紀的學者和牧者，他似乎熟悉整本聖經的正典。他向我顯示對應、回響和關係時，一再令我驚訝和喜悅。他沒有將聖經解剖成碎片；藉著敬畏地留意每一個由聖靈連結的詞語和句子那有機的生命力，他將各處隱含的事情表明出來：這些經文是一位作者的一本書。貴格利最好的註釋是雅歌。

## 8. Brevard Childs

EXODUS. 1974. □

二十世紀投資在基督教聖經的學問是以前所不及的。以前的世紀沒有現在那麼多人有那麼多學識，並輔以那麼多科技，將生命花在研究和寫作關於聖經的書籍。開始時，我們對此表示歡迎，視之為很大的裨益。但很快我們便發覺自己被埋在大量期刊和書籍之下，被知識麻木。我們需要有人將我們掘出來，讓我們知道怎樣在知識中找出我們的路而不致被它壓毀。耶魯神學院（Yale Divinity School）的查爾德斯拯救了我們很多人。他似乎熟悉圖書館有的一切，而且對重要的同代人也同樣瞭如指掌。但不單這樣，他也建構了一種方法（正典鑑別學）將這一切一貫地結合起來，藉以保持聖經故事的完整。在學術研究的洪水中，他令我們的頭可以留在水面上，令我們保持方向，看到福音帶領我們到哪裏。他的出埃及記註釋是一個典型例子，顯示他清楚的方法學和明智的解經／神學判斷。

### 9. Charles Gore

EPISTLE TO THE EPHESIANS. 1897.

這封信是建構成熟基督徒品格的主要經文，需要成熟的基督徒評註。如果沒有聖潔，作者會陷入危險，輕視或模糊這個在基督徒思想和禱告方面的豐富練習。戈爾是一百年前聖公會的主教，他在智力和靈性上都有資格註釋這卷書。他註釋保羅的神學詩歌的方法，顯示他和最初感動保羅寫這卷書的聖靈有同一思想。

**10. F. Godet**

A COMMENTARY ON THE GOSPEL OF ST. LUKE. 2 vols. Translated by E. W. Shalders. 1870. □

這本著作引人沉思默想，而且有一種閒適的質素，就好像這卷福音書本身一樣。蓋得特是法國教授，他在很多學者要藉著徹底的歷史批判法，將聖經中他們不能解釋或說明的一切鏟除時，寫這本註釋。他們以為現代人需要一本沒有奧祕或奇蹟——實際上也沒有神——的聖經。那氣氛變得緊張和好爭辯。聲音變得尖銳。但蓋得特不是這樣。他從沒有提高聲線；他從沒有寫下任何不禮貌的句子。他一貫地溫柔和堅定地處理有爭議的問題，但他主要不是要對抗理性主義者的批評。他的目的是肯定相信的基督徒。他為了服事路加和他的主聖靈而寫作。

**11. Karl Barth**

THE EPISTLE TO THE PHILIPPIANS. Translated by James W. Leitch from 1947 German edition. 1962. □

巴特最為人所知的身分是神學家，但他也是解經大師；不過他大部分解經著作都在他多冊《教會教義學》的細則中。不過，在這裏，他對腓立比書的註釋中，神學解釋單獨存在——簡潔、準確、一語中的。

## 12. Brooke Foss Westcott

THE EPISTLE TO THE HEBREWS. 1903. □

韋斯科特是十九世紀其中一位註釋大師。除了（與霍特〔Hort〕）合作對希臘文本的里程碑式評論著作外，他也評註了幾卷新約的書信。在《希伯來書註釋》中，他保持一貫特色，而且是最出色的，將經敏銳觀察的語文學和深刻地活出的靈性交織起來。

## 13. Martin Luther

LECTURES ON ROMANS. Translated and edited by Wilhelm Pauck. 1961. □

這本註釋書對我的重大吸引力，除了因為它是聖經一卷關鍵性的書的註釋外，也因為它展示一個偉大的思想和心靈，被聖靈預備來改革基督的教會。路德在仍然是修士時撰寫這本書，但大部分後來證實在宗教改革中起模塑作用的詮釋學、神學和教會學細節都出現在這本書中。這是路德的精髓：滔滔不絕、個人、敬虔和富洞見。

# 我的私房書

# 十六

# 地方

救恩的工作總是地方性的。我們經常祈求「……**在地上**如同行在天上。」對靈性來説，地理和神學同樣重要。大地和水、星星和星球、樹和山、草和花的創造都提供基礎和環境讓造物主賜下祝福和救恩的奧祕。但在一個偏執地將風景變成地產的世界，我們很容易忽略這點。

約總是以創造作為背景。聖經的靈性都是連同物質提出的。創造、道成肉身、聖禮，這一切都是福音所不可或缺的。神為「整個世界」設計一個普遍的福音時，祂在巴勒斯坦的山和山谷的幾平方哩中道成肉身。在宣告福音時，準確的街道地址比世界地圖重要得多。好像拿撒勒、示羅和希伯崙等詞語出現在有赦免、恩典和愛的書頁上。

但世界的狀況並不與這樣尊重地點一致。普通的地方，居住和工作的地方，被人以好像「死水」、「鄉巴佬市鎮」、「偏僻」、「局部」、「粗野」、「鄉鎮」等名稱貶低。被人尊崇的地方是好像百慕達（Bermuda）這樣讓人到訪的地方或好像迪士尼世界這樣娛樂人的地方。外國的景色和刺激的消遣令一個地方有價值，但這樣的地方是限制和規限，讓人滯留的地方。魔鬼很成功地説服我們，神的創造是我們靈性頸項上的磨石，以致我們用最不可能的對策賦予我們的地方價值：一間有華盛頓（George Washington）睡過的牀的房子；兩百年前的戰爭；一隊足球隊的勝利。世界的狀況貶損我們的想像，貶低地方的價值，以致我們不再有供我們信仰耶穌基督的環境。信仰只留給遠處的外地，或者信仰只限制在偶然的狂喜。我們永遠都不會想到，我們居住和勞動的實際地點已經足以支持好像救恩和成聖這樣龐大的屬靈事業。

因此我們需要恢復對地方的愛：這條街道，這些樹，這濕度，這些房子。沒有對地區的敬畏，順服只會浮在抽象的雲上面。每次一塊石頭被命名，一梨花被認出，一間房子的門牌被找到，一條街被走上，福音便得到服事。藉著觀察質地和顏色，藉著堅持即時的獨特性，便留出空間，提供地點讓道成肉身再次產生，其中大多在小鎮和郊外的路上以它獨特的方式出現。

**1. George Adam Smith**

THE HISTORICAL GEOGRAPHY OF THE HOLY LAND. 1894. □

《巴勒斯丁歷史地理學》。萬卓志譯述。香港：聖書公

會； 商務印書館，1954。 □

在這本書出現（一八九四年）後，有無數地圖冊和地理，對聖地的地形學、地質學和製圖學都有很大的改進，但沒有一本好像這本書那樣深深地沉浸在那片孕育神在以色列和耶穌裏的啟示的土地的風景、歷史和靈性。我總感到，如果可以選擇在聖地一星期或單獨看這本書一星期，不選擇這本書的基督徒實在愚不可及。

## 2. Egeria

DIARY OF A PILGRIMAGE. Translated and annotated by George E. Gingras. 1970. □

在我們這個世紀，朝聖幾乎被旅遊取代了。每年都有數以千計的人到訪聖地，然後讓導遊照料他們，指出重要的地點，安排攝影的機會，說出感傷的軼事，但其真實性卻是可疑的。因此，可以接觸真正而且是其中一次最早的朝聖是很好的。遊客觀光和拍照；但朝聖者禱告和崇拜。伊吉麗亞是西班牙婦人（很可能是修女），她在第四世紀後期在耶路撒冷居住了三年，在近東一帶旅行。

## 3. Wendell Berry

HARLAN HUBBARD, LIFE AND WORK. 1990. □

哈勃（Hubbard）因為貝里而不致沒沒無聞，他的生命有力地肯定地方在得到愛和擁抱時的力量，它可以模塑和賦予一種簡樸、誠實、忠誠和敬畏的靈性。貝里對哈勃的評價是：「他給我們的偉大遺產是漫長的一生的紀錄，其中大部分在河谷的條件下活出來。那生命沒有假設可以藉著向上或向旁邊移動而改進。」

**4. Belden C. Lane**

LANDSCAPES OF THE SACRED : GEOGRAPHY AND NARRATIVE IN AMERICAN SPIRITUALITY. 1988. □

這本書詳細和深思地研究在北美大陸上空間和聖潔怎樣以多種多樣的方式互相滲透，為我們大部分人都某程度上知道的事情提供詳細的文獻證據：聖地不是惟一的神聖土地。

**5. Kathleen Norris**

DAKOTA : A SPIRITUAL GEOGRAPHY. 1993. □

她是詩人，有時也是平信徒講員，她在一個鄉村長老教會和本篤會修道院之間一種啟應談話中發現和培養古典的「沙漠靈性」。令人驚訝（或者可能不會！）的是，在敍利亞和埃及模塑的智慧在南達科他州（South Dakota）平原的汽車旅館和吉普車中得到呼應和肯定。

## 6. John Muir

JOURNALS. From *The Wilderness World of John Muir,* edited by Edwin Way Teale. 1954. □

繆爾走遍大陸，由威斯康辛（Wisconsin）到海灣，由山脈到阿拉斯加（Alaska）。他看到、聽到、嘗到、觸摸到的一切，他都喜愛——和讚美。在他大量日記中，他成了讚美創造的祕書。繆爾將自己蘇格蘭長老會的教導中的所有嚴格和強度用來默想神的創造。沒有加爾文派神學家對救恩和成聖的教義，比繆爾對在道格拉斯（Douglas）冷杉和崩解的冰川中從神那裏接受的啟示更謹慎。

## 7. Barry Lopez

ARCTIC DREAMS. 1986. □

我們星球的兩極似乎引發出進入其中的人最好的東西。那麼多**缺乏**，讓人們有空間給整齊的經驗**出現**。而當然，不能有任何稍為冷淡的東西存在。北極對羅帕士來說是大教堂的聖所。他懷著敬畏進入那裏；他的寫作低訴他的敬畏。

## 8. Paul Tournier

A PLACE OF YOUR OWN. 1986. □

這位瑞士醫生是這個世紀其中一位真正明智的基督徒。他準確地明白人類的心靈，有很深的憐憫，而且總是懷著盼望。在這本著作，他確立地方對一個民族的靈性的重要性，這個民族的特點是從一個地方趕到另一個地方，生活在家園以外。

**9. Norman MacLean**

A RIVER RUNS THROUGH IT AND OTHER STORIES. 1976. □

《大河戀》。王祥芸、林淑琴譯。台北：麥田出版社，1993。□

我認識一個人，他十本或二十本地買這書分送給他所說「配閱讀這本書的人」。他送了一本給我。那本書很快便成了我全家的書，我太太、孩子和我都會高聲讀給大家聽。我們那麼喜歡這本書的其中一個原因是，它給**我們**的地方尊嚴和一份聖潔的感覺，這個地方是我們的家。麥克林寫的故事發生在蒙大拿（Montana），距離我成長的地方一百哩，我們一家人每個夏天都回那裏度假。我們已經知道那是一個神聖的地方，但那本書確定和加深我們的敬畏。那本書起祭壇的作用，要我們留意**這個**地方：這是聖地——**在這裏**敬拜神。

**10. Francis of Assisi**

THE LITTLE FLOWER. c.1330. □

《靈花——聖法蘭西斯行傳》。張伯懷譯。香港：基督教文藝出版社，1998。□

這些法蘭西斯的故事和回憶是在他死後約一百年收集和

寫下的。它們顯示法蘭西斯或許是我們對地方的靈性最好的見證。他肯定是我們當中最生氣勃勃的人。但地方對法蘭西斯來說完全並非表示美麗的景色，它表示創造的東西，他藉以事奉神，也在其中事奉神，而它有很大部分都已被毀。他修理教堂，親吻痲瘋病人的傷口，在他自己的身體中感受和展示基督的傷口。在意大利中部一個多山的地方的幾平方哩上，他走路和禱告，歌唱和受苦，以神聖的福音傳道和禁食，雙腳總是站在聖地上。

## 我的私房書

# 十七

# 聖徒

聖徒傳記——關於聖潔男女的著作——是著名的失敗文類。它除了在沉悶和不誠實方面得分很高外，便沒有甚麼了。我十分懷疑福克斯（Foxe）的《血證士》（*Book of Martyrs*；中譯本由見證出版社譯，斑鳩城：美國見證出版社，1988）這本我童年的主要聖徒傳記有否令我或我的朋友過更聖潔的生活。就我記得，它主要將對神的懼怕以對天主教徒的懼怕來代替。而巴特勒（Butler）的《聖人傳記》（*Lives of the Saints*；中譯本由公教真理學會編譯，香港：公教真理學會，1988）這本毫無疑問十分有用的著作，至少往往被學者用來駁斥聖潔，正如他們用它來肯定聖潔一樣。

我們不時都有衝動去過聖潔的生活——應該過的生活，真實、良好和美麗的生活，為我們的創造主、救贖主和使我們成聖者，在祂裏面，並藉著祂而過的生活。然後有人打電話邀請我們去看曲棍球比賽，或者我們留意到沙律需要牛至葉粉，或者草地上的馬唐突然間急需拔除。世俗的事情和喪失使我們分心，我們等候另一個時候的聖潔。或者我們這樣假設。

然後我們發覺自己與一位作者或好些作者作伴，他們穿越表面的敬虔，讓我們看到聖潔生活實際上是怎樣的，是曲棍球比賽、牛至葉粉和馬唐為聖潔提供材料。聖潔不是關乎做好事。聖潔的生活不是關乎男女對神有禮貌，而是人類接受和進入神模塑性拯救的工作，脫離我們的罪和疏忽，我們的野心和任性——以及我們的愛、熱心和尊貴——這些不適當的材料，但永遠不是藉著磨平我們粗糙的邊緣。聖潔不是打磨。

所有基督徒在某方面都是關乎聖潔的生活，無論我們有沒有適合的詞彙來形容它。但我們很難具體知道它包含甚麼。我們很難知道再要找尋甚麼。過去一百年或更久，那些成為我們在怎樣生活方面的權威的人，將我們帶到社會烏托邦主義或心理滿足這些令人激動、過山車一般的前景，或者是同時包含兩者。而我們卻變得更糟。惟一進步了的東西，如果進步是合適的詞語的話，是我們有能力移動得更快和花費得更多。

梅爾維爾曾經寫信給朋友說：「我愛所有**潛水**的人。」我們大部分人都這樣。但我們在哪裏找這些人？不是在那些吸引注意力的男女身上。在新聞文化中，瑣事和邪惡滿足閒言閒語的胃口。良善或正義都不會成為頭條。任何不能安排來大量生產的東西，特別是道德上的卓越，都被拋棄。由於成熟不能在學期的課程中掌握，它不再是個人的目標。

我們的祖先比較聰明。他們周圍尋找聖徒，尋找勇敢地對神熟悉的男女，讓他們成為自己的教師，學習怎樣身為人活著，也就是說，怎樣過聖潔的生活。我們世俗化的世界，過度沉溺於名人和受害人，已經失去看到神在平凡和往往不可能的人身上工作，也就是認出聖徒的能力。這個詞已經失去了那麼多意義，以致人們聽到它時更多是作為否認——「我不是聖徒」——而不是表示尊敬。布洛伊（Leon Bloy）在率直和大膽地說：「惟一的憂愁就是不是聖徒」（Tristesse – de pas etre Saint）時，令我們走向恢復欣賞和洞見的路。

**1. Jacobus de Voragine**

THE GOLDEN LEGEND. Translated by William Caxton. 1485. □

這是中世紀聖徒故事集中最有影響力的一本，根據人們在教會年記念這些聖徒的次序安排。

**2. G. L. Cheterton, St.**

THOMAS AQUINAS. 1923. □

《多瑪斯評傳》。吳富恕譯。台南：聞道出版社，1974。□

ST. FRANCIS OF ASSISI. 1933. □

切斯特頓仰慕別人，卻沒有將他們偶像化；他歡慶，卻沒有變得瑣碎；他明白，卻沒有屈尊俯就。他向我們呈獻這兩個十分不同的聖徒，不是作為矛盾，而是作為悖論：多瑪斯主要是思想和智力；法蘭西斯主要是身體和直覺。但兩人同樣是聖徒，其中一個以認真的思想展示聖潔，另一個以嬉戲的貧窮這樣做。這兩本都是我喜歡的聖徒傳記。

**3. Phyllis McGinley**

SAINT-WATCHING. 1969. □

聖徒是人。聖潔沒有令我們超越自己普通的人性，而是令我們更深地沉浸其中。愈聖潔便愈有人性。麥金利是寫幽默輕鬆詩句的詩人，她將聖徒從被人無知地放到的基座上拉下來，介紹我們認識和我們所有人一樣有各種怪癖和奇特的男女。有時這些奇特是有趣的，但麥金利從不利用她的幽默來詆毀別人，而是將他們人性化。

**4. Frederick Buechner**

GODRIC. 1980. □

BRENDAN. 1987. □

在大部分作家都似乎嘗試顯示人可以多麼邪惡、瑣碎或沉悶的時代，畢克納卻負起描繪古代聖潔的人成為聖徒的能力，向我們顯示這種能力怎樣發揮功能這個任務。每個人都知道我們能夠，也往往確實活得很差。但不是每個人都知道我們可以聖潔地生活。畢克納圍繞阻礙我們想像力那些難以克服的定型作戰，認為「成聖是人們實現的事情，你可以成聖，就大致好像你成為最高級童子軍」，並讓我們看到真實的事情。他說：「只有聖徒真的令身為作家的我感興趣。他們裏面充滿活力。他們對事物的奧祕是那麼有連繫，對奧祕是那麼容易被穿透，你永遠不知道對他們可以有甚麼預期。」這些小說提出聖潔的生命是豐富、難以預測和樸實的。畢克納提出的聖潔不是關乎謹慎地避免道德的泥潭；而是更像在聖靈裏轉動的車輪。

**5. Elie Wiesel**

SOULS ON FIRE. 1972. □

維瑟爾年青時被關押在奧斯維辛（Auschwitz）的死囚營中，是當中少數的生還者之一。被邪惡包圍和沉浸在死亡中的經驗，令維瑟爾在成年時成為作家，因聖潔而歡欣，並歡慶生命。除了寫小說外，維瑟爾也藉著講述巴爾·謝姆·托夫（Baal Shem Tov）和他的承繼人的故事表達他的歡欣和歡慶。托夫是一個令人費解的猶太人，生於十八世紀的東歐，他燃起靈性復活，以一種玩樂的驚訝，對奇蹟的接受，以及在窮人、受迫害的人和被邊緣化的猶太人中間聖潔地生活，一發不可收拾地從一個羣體擴展到另一個羣體。這個運動稱為哈西德主義（Hasidism），有大量的故事和歌曲。維瑟爾講述那些故事。這是幾本見證聖潔生活那些活生生的奧祕的同類著作的第一本。

### 6. René Fülöp-Miller

THE SAINTS THAT MOVED THE WORLD. 1945. □

富洛普-米勒選了五位聖徒——安東尼、奧古斯丁、法蘭西斯、依納爵和德蘭——讓人們欣賞和，對，效法。這是一個重要的嘗試，要令讀者在藉著世俗垃圾食物很糟地生活的世界中，對聖潔生活的清醒、生氣勃勃和智慧產生品味和胃口。

### 7. J. I. Packer

QUEST FOR GODLINESS. 1990. □

清教徒的特點是以不尋常的清醒和活力追求聖潔的生活。但對現代世界的很多人來說，這些吸引人和堪作典範的生活因為扭曲了的定型而被模糊了。「清教徒」這個詞沒有激起我們的羨慕，而更可能引起反感。巴刻將清教徒從他們不應得的輕視中拯救出來，令人們清楚看見他們，看到他們的真實面貌——值得效法的基督徒靈性的頂峯。

### 8. Peter Brown

AUGUSTINE OF HIPPO. 1967. □

奧古斯丁對基督徒生命的影響大部分都是健康的，但並非完全是這樣。由於那影響是有那麼多面和普遍，我們需要再三考慮。我們在嘗試明白和欣賞個人經驗及世俗文化之間那些複雜的關連時一再回到這生命。每次探訪奧古斯丁都有收穫——洞見、警告、喜悅、異象、提醒、渴望。基督徒生命是很大的生命，奧古斯丁很大地活出來。布朗的傳記公平對待那個時代的錯綜複雜和漸漸進入這聖潔生命的深刻簡樸。

**9. W. E. Sangster**

THE PURE IN HEART. 1954. □

這個對聖徒廣泛、慷慨的欣賞，嘗試（我認為十分成功）說服新教徒，我們應該比我們慣常認真得多地看待聖徒這件事，並培養我們對那些號召我們留意聖潔的男女的欣賞。桑斯特是循道會的主教，他將衛斯理對聖潔的關注連繫到羅馬天主教尊崇聖徒這個實踐上，並將這兩個元素牢牢地建基於聖經上。

**10. Sigrid Undset**

SAGA OF SAINTS. 1934. □

STAGES ON THE ROAD. 1934. □

CATHERINE OF SIENA. 1954. □

以關於中世紀挪威的出色小說贏得世界注意和諾貝爾獎後，溫茜特開始寫世人很大程度上忽略了的聖徒傳記。她寫道：「漸漸地，我對歷史的知識令我相信，惟一完全清醒的人——至少對我們的文明是這樣——似乎是那些天主教會稱為聖徒的怪人……他們似乎明白人類對快樂那不滅的渴望的真正解釋。」

**11. Thérèse of Lisieux**

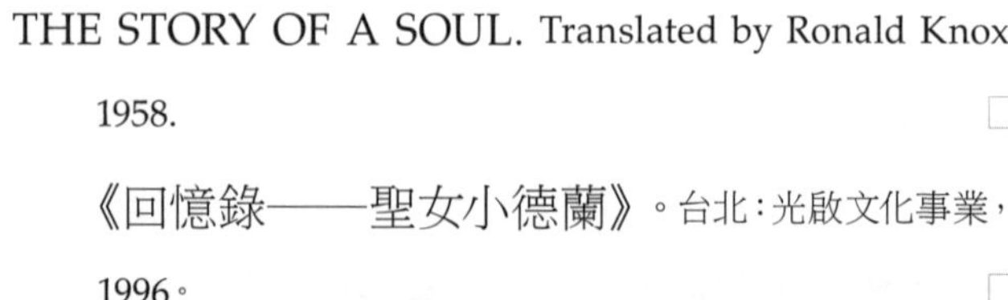

THE STORY OF A SOUL. Translated by Ronald Knox. 1958.

《回憶錄——聖女小德蘭》。台北：光啟文化事業，1996。

這位女性幾乎沒有任何特別——她沒有做過任何這個世界視為重要的事情，她也不認識任何重要人物。她並不著名，而且只活了很短的時間（她死時只有二十四歲）。不過，這純潔的簡樸，這童真的非凡，令她給我們深刻的印象。她寫道：「我盡我所能在細小的範圍做好事，因為我沒有機會在大範圍這樣做。」

**12. Hans Urs von Balthasar**

THÉRÈSE OF LISIEUX. 1853.

這本書的目的是重新給神學和整個基督徒生命活力，從聖潔的生命中輸血。這是我們其中一個最複雜的思想對最簡單的聖潔生命以詳細、神學的注意來尊崇。

**13. David Farmer**

THE OXFORD DICTIONARY OF SAINTS. 1978.

聖徒傳記這廣大的學科以這些明智的選擇來整理和縮減，變成我們能夠應付的規模。

## 我的私房書

# 十八

# 罪和魔鬼

馬丁路德給屬靈領袖的測試是:「他們對死亡和魔鬼知道甚麼?」我將它改為「罪和魔鬼」。靈性遠遠不單是追求良善、追求神。我們最高尚的意圖也可能走入歧途或墮落。第一宗罪在最好的地方,由純潔和單純的人干犯。因此靈性要求謹慎和明辨。

事實上,我們愈渴求神,便愈需要小心。我們在公義裏成長時,罪的誘惑便變得更隱晦。在這些事上,我們絕對不能天真。

不過,當代最流行的靈性卻很大程度上忽略了罪和魔鬼。主流的假設似乎是人基本上是純真和善良的,需要的是訓練和鼓勵我們,讓我們「成為最好的自己」,「在我們被種植的地方開花。」「自我主義」被當為靈性。紀伯倫(Kalil Gibran)多愁善感的格言取代了耶穌那些精鋼般的命令。

但我們基督徒受到鄭重警告,不要被表面的聖潔愚弄,特別是當我們是在鏡子中瞥見它們的時候。我們需要有力和詳細的教導，明白試探的微妙，魔鬼的方法，以及我們似乎有無盡能力欺騙自己和被人欺騙。十架約翰和羅耀拉的依納爵在明辨的需要和藝術上是我們的經典大師，但在這些事情上，我們還有很多其他明智的導師，我們最好聆聽他們。

**1. C. S. Lewis**

THE SCREWTAPE LETTERS. 1944. ☐

《大榔頭寫給蠹木的煽情書》。曾珍珍、顧華德譯。道聲出版社，2002。☐

《地獄來鴻》。魯繼曾譯。香港：基督教文藝出版社，1989。☐

我們很少找到一個作者處理這麼嚴肅的問題時那麼有趣，魯益師確實十分認真地看待魔鬼。和大部分基督徒一樣，他相信我們這些接受基督的道路的人會遇到試探、謊言、假象和其他各種隱晦的欺騙。但他也和我們最明智的先輩一樣，相信魔鬼不能忍受的是被取笑。馬丁路德寫道：「如果魔鬼不屈服於聖經的經文之下，驅逐他的最好方法是嘲笑和藐視他，因為他不能忍受輕視。」我視這本小書（有三十一章，每章都很簡短）是我們這個世紀的其中一本基本書籍。

**2. Denis de Rougemont**

THE DEVIL'S SHARE. 1944. ☐

這本書的假設是：魔鬼最大的成就是說服我們相信他不

存在。或者他只以漫畫的方式存在，我們在平常生活中不用認真對待他。

### 3. Søren Kierkegaard

FEAR AND TREMBLING. 1844.

《恐懼與顫慄》。劉繼譯。貴陽市：貴州人民出版發行，1994。

《恐懼與顫慄》。一諶、王才勇、肖聿譯。北京：華夏出版社，1999。

THE SICKNESS UNTO DEATH. 1848.

《死病》。孟祥森譯。台北：水牛出版社，1970。

《致死的疾病》。張祥龍、王建軍譯。北京：中國工人出版社，1997。

《概念恐懼；致死的疾病》。京布特譯。上海：三聯出版社，2004。

亞伯拉罕的考驗／試探是在信仰的事上發展一種成熟的明辨的經典文本。在《恐懼與顫慄》中，祈克果從每一個角度研究這個故事，將它翻來覆去，並在這樣做時，訓練我們對經文的順服。他的強烈和認真是對往往影響我們的樂觀安眠藥一種很好的解藥。他在《致死的疾病》中回到這個主題——他的其中一個「重複」，加深他對罪的本質，特別是絕望這致命的罪的默想深度。

**4. Ernest Becker**

ESCAPE FROM EVIL. 1975. □

大致從「外面」評估邪惡——因為貝克並不接受基督教信仰。在觀察和研究人類的狀況時，他從經驗得出對往往被忽略或否認的邪惡很多敏銳和富洞察力的看法。

**5. Austin Farrer**

THE TRIPLE VICTORY. 1965. □

魔鬼在曠野試探耶穌是我們理解魔鬼的行事方法，試探的本質和我們怎樣以基督徒的方式回應的主要來源。法勒撰寫關於這個特別的啟示的書時，他再次做他通常做得很好的事情：結合有紀律的屬靈想像和敏銳的解經技巧，帶出老練和成熟的智慧。

**6. William Golding**

THE LORD OF THE FLIES. 1954. □

《蠅王》。龔志成譯。上海：上海譯文出版社，1985。 □

《蒼蠅王》。楊耐冬譯。台北：志文出版社，1994。 □

《蒼蠅王》。陳鵬翔譯。台北：桂冠圖書股份有限公司，1995。 □

模塑西方想像的文化虛假神話是：我們基本上是好人，對邪惡無知；我們和世界的所有問題都是無知的結果，可以藉著教育糾正過來。面對那麼多相反的證據，這個神話怎樣可以維持，是現代世界的其中一件奇事。這本小說是對這個神話的一個重大攻擊。

**7. Paul Ricoeur**

THE SYMBOLISM OF EVIL. 1967. □

《惡的象徵》。翁紹軍譯。台北：桂冠圖書股份有限公司，1993。 □

在辨識邪惡的存在和工作方面，我們需要我們能夠得到的一切幫助。里克爾是語言哲學家，他藉著檢視我們對語言的運用，從我們沒有預期的方面幫助我們。

**8. Hannah Arendt**

EICHMANN IN JERUSALEM. 1963. □

在人類歷史中，罪和邪惡很少達到納粹黨試圖滅絕猶太人那樣可怕的程度——他們殺害了六百萬猶太人，然後才受到阻止。艾希曼（Adolph Eichmann）是納粹黨的官僚，主要負責執行大屠殺計劃。艾希曼在耶路撒冷受審時，阿倫特報告了那審訊。令每個人都感到驚訝的是，艾希曼是頗為平淡、平凡、守法的公民。阿倫特將「邪惡的平庸」這個詞組加進我們的詞彙中。邪惡在最不受注意時實行最有效的工作。

**9. Herman Melville**

THE CONFIDENCE MAN：HIS MASQUERADE. 1949. □

一首古老的聖歌警告説：「魔鬼説謊，也迷惑人，如果你不提防，他便會迷惑你。」魔鬼從來都不以魔鬼這個面貌出現。雅各告訴我們，他裝作光明的天使。梅爾維爾沒有被外表欺騙。這本小説雖然古怪和奇特，卻讓我們感受到我們應付這個從來不公開出現的魔鬼時是在對抗甚麼。

**10. Thomas Mann**

DOCTOR FAUSTUS. 1947. □

中世紀的浮士德傳説提供豐富的資源供我們思想存在人類生命中的邪惡是多麼微妙。很多小説家和劇作家都用過這個故事，但在我們的世紀，沒有人做得比湯瑪斯·曼更好。這是關於靈性陰暗面的重要著作。

**11. William Faulkner**

THE HAMLET. 1940. □

THE TOWN. 1957. □

THE MANSION. 1959. □

這三部曲講述一個詳細和有説服力的故事，是關乎罪和邪惡由貧窮走向顯要。福克納是對祈克果所説的「致死的疾病」其中一個最好的診斷者。

**12. Aldous Huxley**

GREY EMINENCE. 1941. □

THE DEVILS OF LOUDON. 1952. □

在這一套兩本的小說中，赫胥黎讓我們看到邪惡進入宗教環境和屬靈渴望，進行腐化和破壞的特別方式。任何在宗教環境中工作或為別人提供屬靈領導的人都需要經常接受警告。這兩本小說提出的警告是真實和合時的。

**13. Charles Williams**

THE GREATER TRUMPS. 1950. □

邪惡的靈性是難以捉摸的，因為它本身沒有實質。留意它的最好方法往往是透過故事。威廉斯寫了七本嚴格來說並非**關於**邪惡的小說，但在這些小說中，邪惡總是扮演重要的角色——就好像在我們日常生活。這本小說有代表性。他讓我們看到要留意甚麼，訓練我們認知的想像力，讓我們可以更準確地祈求：「救我們脫離兇惡。」

**14. Reinbold Niebuhr**

THE NATURE AND DESTINY OF MAN. 1941~1943. □

《人的本性與命運》。謝秉德譯。香港：基督教文藝出版社，1989。 □

在應付罪時，我們很容易落入好挑剔的道德主義；在應付邪惡時，我們往往屈從於末日的歇斯底里。尼布爾既不是道德主義，也不是歇斯底里——他是**神學性的**。他冷靜、不留情面、徹底地穿透在我們個人和集體以神為中心，被基督救贖的生命中的罪和邪惡的本質和持續。在面對我們和社會的問題時，我們往往忘記我們是在神的環境中工作。但尼布爾從沒有忘記——他是真正的神學家，令我們，我們的罪，和邪惡都穩定地在神的同在中。

## 我的私房書

# 十九

# 歷史

到目前為止，我列出的書籍大多由從事／作為／思考靈性的作者撰寫。他們寫留意神，發現和探索那些連繫，在自己日常生活整合神的創造和約的經驗。他們並非總是明確地在著作中提到神或耶穌——靈性往往是隱含的。榮耀和奧祕有時最好是間接地領會。靈性本身有一種靦腆，是不歡迎直接注意的。

在這相伴中很容易變得迷失方向——這樣的能量和洞見巨流，在我們開放自己接受屬靈大師影響時沖向我們。所以我們需要分類家、歷史學家和地圖繪製者的幫助。這一章的書籍是**關於**靈性；描述其他人做了甚麼，將人和他們的行動置於他們的文化、歷史和神學環境中，找出靈性的不同方面，並給予名稱。我提醒我的朋友不要以這個類別為主——靈性的一個經典危險是藉著談論／閱讀靈性，而不是活出靈性而耗費力量。對別人做了甚麼有足夠資料方面的知識，可以很容易掩飾內裏對禱告的逃避。

**1. Louis Bouyer**

A HISTORY OF CHRISTIAN SPIRITUALITY. 3 vols. 1982. □

對兩千年教會那龐大和複雜的內在生命一個重大的評價。由於靈性是那麼強烈，我們很難避免派別主義；但拜耶卻在最真實和最深刻的意義上保持大公性。

**2. Brian Holt**

THIRSTY FOR GOD : A BRIEF HISTORY OF CHRISTIAN SPIRITUALITY. 1993. □

就我所知，這是對靈性的歷史最好的簡短指引。簡明和準確。

**3. Kenneth Kirk**

THE VISION OF GOD. 1931. □

這是最謹慎的牛津學術。十分詳細和有思想性。柯克在前基督教的異教和猶太人，經過十八世紀初的波舒哀（Bossuet）和費奈隆（Fénelon）經驗的信仰，找尋活力的中心。

**4. Kenneth Leech**

EXPERIENCING GOD : THEOLOGY AS SPIRITUALITY. 1985. □

那些主要透過在學術環境中接受知性訓練而學習神學的人，需要恢復從事神學的古老方式——在禱告的環境下作為屬靈操練。知性方面是一樣嚴格的，但它們對靈來 說是有機的，不是思想的抽象。

**5. John T. McNeill**

A HISTORY OF THE CURE OF SOULS. 1951. ☐

我特別喜歡這本書：閱讀它就好像從時尚和偏狹的牧養靈性走向多元文化和多個世紀的智慧。

**6. Rowan Williams**

CHRISTIAN SPIRITUALITY. 1979. ☐

這位英國學者在闡釋這門學問的來源人物和作品方面絕對是出色的。他全新地思考所有古老的材料，並以它們來禱告。書中有很多洞見。他涉及的範圍由新約到十架約翰到馬丁路德。

**7. Evelyn Underhill**

MYSTICISM. 1948. ☐

一本十分沉悶的書，但充滿有用的資料。從自己的經驗寫作時，恩德曉寫了一些很好的書。這本書雖然在閱讀時不能給人樂趣，卻有她其他書籍所沒有的價值。

## 8. William Inge

CHRISTIAN MYSTICISM. 1899. □

英格奇後來成了聖公會的主教。他在這裏主要關注的是神祕主義的哲學層面。

## 9. Ronald Know

ENTHUSIASM. 1950. □

虛假形式的靈性混亂我們最好的意圖。諾克斯特別處理一個持續偏離清醒和聖潔的這種形式，長時間保留它，讓我們能夠批判和同情地看它。

## 10. Martin Thornton

ENGLISH SPIRITUALITY. 1963. □

我發覺桑頓對自己的聖公會根源的認識、欣賞和取用是多麼徹底，以及這給他的實踐帶來的豐富和深度時，我開始渴望有人對北美洲的靈性做同樣的事情。

## 11. Wolfhart Pannenberg

CHRISTIAN SPIRITUALITY. 1983. □

這裏的焦點十分窄：十分新教，十分當代，十分學術。（但學者在這裏也是受歡迎的！）這些視角激發需要注意的洞見。

**12. Andrew Louth**

THE ORIGIN OF THE CHRISTIAN MYSTICAL TRADITION : FROM PLATO TO DENYS. 1981. □

《神學的靈泉——基督教神祕主義傳統的起源》。孫毅、游冠輝譯。北京：中國致公出版社，2001。 □

在基督教的頭五百年，基督徒關於神和靈魂的大部分模塑性著作都使用源自和延續柏拉圖的詞彙和思想形式。從某方面來說，這是好的，因為這種語言十分適合靈性的世界。但它也帶來很多害處，因為它引入與基督教福音頗為不同的態度和觀念。如果我們要同時抱欣賞和批判的態度閱讀我們先輩的著作，我們需要能幹的指導，讓我們在基督裏追求禱告的生命時，不會大意地被帶領偏離「道路、真理、生命」，走進神祕的死胡同。而若思是很好的嚮導。

**13. THE WESTMINSTER DICTIONARY OF CHRISTIAN SPIRITUALITY.**

Edited by Gordon S. Wakefield. 1983. □

這門學科標準的單冊參考書。

**14. CHRISTIAN SPIRITUALITY.**

3 vols. Edited by Bernard McGinn and John Meyendorff. 1989. □

來自教會不同部分和世界各地的學者觸及基督教靈性的整個範圍，值得稱讚。

## 我的私房書

# 二十

# 畢德生著作

對我來說，閱讀最終變成寫作。三十五年來，我都嘗試書寫基督教福音派和合符聖經的靈性，是能夠吸收我們傳統的多元豐富，然後在北美洲的經驗中實行出來的。

## 1. LIKE DEW YOUR YOUTH.

（Wm. B. Eerdmans, 1994）

《希奇滿我家》。何詠霓譯。台北：友友文化，2003。

這是我第一次嘗試屬靈導引。我發覺我教會的人中，逼切需要答案和輔導的大多是青少年的父母。他們通常視青少年為需要解決的問題，而我則是他們在解決問題時的伙伴。我開始和他們見面，要求他們視為人父母的經驗為自己屬靈成熟的材料，而他們的孩子是給他們的恩賜，刺激他們深化成長。在這些會面後幾年，我寫了這本書。（這本書最初以 *Growing Up in Christ* 這個書名由 John Knox Press 在一九七六年出版，然後在一九八八年由 Revell 以 *Growing Up with Your Teenager* 這個書名出版。目前的版本多加了一章。）

## 2. FIVE SMOOTH STONES FOR PASTORAL WORK.

（Wm. B. Eerdmans, 1992；初版於1980年，由 John Knox Publishing Company出版） □

《全備關懷的牧養之道》。以琳編譯小組譯。台北：以琳書房，2002。 □

在牧者的工作被嚴重心理學化和社會學化的世界和教會中，我嘗試在有力的崇拜和聖經的敍事中重新建立我們的工作。我發覺希伯來聖經有五卷小書與崇拜的大事件有牧養上的關連，並利用它們來顯示牧養工作的五個方面，是有機地從崇拜發展出來的。

## 3. A LONG OBEDIENCE IN THE SAME DIRECTION.

（InterVarsity Press, 1980） □

《天路客的行囊——恆久專一的順服》。郭秀娟譯。台北：校園書房，2004。 □

我用上行詩篇（詩一二〇～一三四篇）作為門徒訓練的手

冊，嘗試藉著朝聖者走上山參加耶路撒冷的崇拜大行動時「在路上」使用的古老禱告，抗衡美國對得到容易的答案和快速的解決方法的渴望。

**4. TRAVELING LIGHT.**

（Helmers & Howard, 1988；最初由InterVarsity Press出版，1982） ☐

這本書的主題是自由。來源是保羅的加拉太書。觸發的事件是：我那間在市郊的長老會教會的會友在我眼中似乎陷於他們的財產和安全系統中。我認為基督徒在「自由土地」上的生活應該有很多即時性。我的牧養意圖是將靈性的一些古典智慧移植到這個北美洲的背景中。

**5. RUN WITH THE HORSES.**

（InterVarsity Press, 1983） ☐

《與馬同跑——尋求真善美的人生》。張秀蘭譯，台北：中國主日學協會，1987。 ☐

靈性處理的其中一個問題是卓越。在這個背景下，卓越是聖潔的其中一方面，在有力的清醒中生活。為了表達這點，我以耶利米書來寫了一種米大示（midrash），為我自己周圍那貧血、少數派的宗教輸血（「生命在血液中」）。

## 6. WHERE YOUR TREASURE IS.

（Wm. B. Eerdmans, 1993；最初以 Earth and Altar 這個書名由 InterVarsity Press出版，1985） □

《重拾無私的禱告祭壇》。何偉祺譯。台北：以琳書房，2001。 □

我因為禱告大大私人化而感到沮喪，所以寫了這本書作為反擊：顯示禱告生活是多麼政治性，不單在個人的中心發揮作用，也在羣體的中心，以及個人以前的羣體發揮作用。來源材料是詩篇的十一首詩。

## 7. WORKING THE ANGLES.

（Wm. B. Eerdmans, 1987） □

《建造生命的牧養真諦》。郭梅英譯。台北：以琳書房，2000。 □

那些「角」（angles）是禱告、聖經和屬靈導引，我們在牧養工作中注意神的典型地方。我對很多牧者同道的售貨員心態首先感到震懾，然後感到頗為憤怒，覺得需要重新在自己的生命中建立對神的專注和回應，並完全拒絕宗教營銷。

## 8. REVERSED THUNDER.

（Harper & Row, 1991） □

我一生都對約翰的啟示錄和詩篇很感興趣，特別是因為啟示錄將一切帶到禱告和敬拜中。我認為啟示錄首先是一本牧者的書——由一位深入教會生活的牧者寫成。我在這裏有一個中心關注，就是顯示禱告的想像怎樣是恩典的媒介。

## 9. THE CONTEMPLATIVE PASTOR.

（Wm. B. Eerdmans, 1993；最初由Word出版, 1989） □

《返璞歸真的牧養藝術》。游紫雲譯。台北：以琳書房，1999。 □

我的信念是牧者必須拒絕被文化模塑——無論那是世俗還是教會文化，並堅持在崇拜的羣體中成為禱告的人。這是給我們的任務；任何不及或其他事情都是錯誤。

## 10. ANSWERING GOD.

（HarperSanFrancisco, 1989） □

《回應上帝——用詩篇禱告》。廖金源譯。香港：天道書樓，2006。 □

對教會生活來說，詩篇很大程度上是禱告的學校（或健身室）——我們從中學習在禱告中成熟。我嘗試恢復這個我們這個世紀的基督徒基礎和（在近年以前）慣常實踐。我以某種方式思考和撰寫這本書，已經長達三十年。

## 11. UNDER THE UNPREDICTABLE PLANT.

（Wm. B. Eerdmans, 1992） □

《追尋呼召的探索之旅》。孫秀惠譯。台北：以琳書房，1996。 □

利用約拿書的敍事結構，我探討牧養工作的召命靈性，尋找可以在承受可怕的壓力的召命中培養聖潔的資源，如果不對抗那些壓力，它們會將聖潔改變成世俗的職業精神。

## 12. STORIES OF THE CHRISTIAN YEAR.

編輯作品（MacMillan, 1992） □

我幾位朋友和我一起寫這些故事，我們想將教會年曆從商人的俘擄中拯救出來。這些是我們生活的聖日，而不是購物日。

## 13. SUBVERSIVE SPIRITUALITY.

（Regent Bookstore, 1994） □

《顛覆靈性》。吳麗恆譯。香港：天道書樓，2005。 □

基督教靈性很大程度上在完全不合宜的環境和情況下實行出來。這裏收集了一些文章、演講、詩和訪問，是我在對恩典不友善的世界中嘗試闡釋和活出基督徒樣式的努力。

**14. PRAYING WITH JESUS.** □

《聽主微聲——與耶穌一同禱告》。徐成德譯。

台北：校園書房，1996。 □

**PRAYING WITH THE PSALMS.** □

《詩情禱語——與詩篇一起禱告》。張玫珊譯。

台北：校園書房，2000。 □

**PRAYING WITH MOSES.** □

**PRAYING WITH THE EARLY CHRISTIANS.** □

**PRAYING WITH THE PROPHETS.** □

**PRAYING WITH ST. PAUL.** □

這六本簡短的聖經選讀、默想和禱告都根據一年三百六十五天來編排。是全新形式的「靈閱」。

**15. THE MESSAGE : THE NEW TESTAMENT IN CONTEMPORARY ENGLISH.**

(NavPress, 1993) □

《信息本聖經》。台北：聖經資源中心，2005。 □

我們現在的新約的作者使用當時市場和家裏的日常語言。那些語言在文化上沒有經過雕琢；聽起來也沒有「宗教氣息」。它最初的讀者／聽眾不需要註釋也能夠明白。我這本意譯本的目的是恢復我們閱讀聖經時的這種直接性和樸實。

## 16. THE PSALMS : THE MESSAGE.

(NavPress, 1994) □

《信息本聖經》。台北：聖經資源中心，2005。 □

這是我翻譯的第一卷舊約書卷，我希望最終可以在二十世紀結束時將整本舊約翻譯成北美洲普通的日常用語。〔譯按：畢德生的舊約譯本已經完成。〕

我的私房書

# 附錄

# 畢德生的名單

## A

- ☐ Adam, David
- ☐ Adams, Henry
- ☐ Aelred of Rievaulx
- ☐ Albright, William Foxwell　奧伯萊
- ☐ Arendt, Hannah　漢娜．阿倫特；又稱鄂蘭
- ☐ Athanasius　亞他那修；又稱亞大納西、阿塔那修
- ☐ Auden, W. H.　奧登
- ☐ Augustine　奧古斯丁

□ Avison, Margaret

## B

□ Baillie, John　約翰・貝利；又稱白禮

□ Barth, Karl　巴特；又稱巴爾特

□ Baxter, Richard　巴科斯特

□ Becker, Ernest　貝克爾

□ Benedict　本篤

□ Bernanos, George

□ Bernard of Clairvaux　明谷的伯爾納；又稱貝納德、伯納多

□ Berry, Wendell

□ Beza, Theodore

□ Bonaventure　波納文圖拉

☐ Bonhoeffer, Dietrich　潘霍華；又稱朋霍費爾

☐ Bornkamm, Günther

☐ Bouyer, Louis

☐ Brown, Peter

☐ Brueggemann, Walter　布魯格曼；又稱白如格文

☐ Bruner, F. Dale

☐ Buber, Martin　馬丁・布伯

☐ Buechner, Frederick

☐ Bunyan, John　本仁約翰；又稱班揚

## C

☐ Calvin, John　加爾文

☐ Campbell, Ernest T.

- ☐ Cassian, John　迦賢努
- ☐ Childs, Brevard
- ☐ Chesterton, G. K　切斯特頓；又稱楚德通

## D

- ☐ Dante　但丁
- ☐ de Rougemont, Denis
- ☐ Day, Dorothy
- ☐ de Voragine, Jacobus
- ☐ Davies, Robertson
- ☐ Dickinson, Emily　狄金生；又稱狄金森、狄瑾蓀
- ☐ de Chardin, Pierre Teilhard　德日進
- ☐ Dillard, Annie　蒂拉德；又稱狄勒、迪勒

- [ ] Dix, Gregory
- [ ] Donne, John　鄧約翰
- [ ] Doig, Ivan
- [ ] Dostoyevsky, Fyodor　杜思妥也夫斯基；又稱陀司妥也夫斯基

## E

- [ ] Eco, Umberto　艾柯；又稱艾可、埃柯、埃科
- [ ] Eliot, George　喬治．艾略特；又稱喬治．愛略特
- [ ] Edwards, Jonathan　愛德華滋
- [ ] Eliot, T. S.　艾略特；又稱愛略特
- [ ] Egeria
- [ ] Ellul, Jacques　埃呂爾；又稱以祿
- [ ] Eliade, Mircea　伊利亞德；又稱以利亞德、埃利亞德、埃里亞德
- [ ] Erikson, Erik　艾瑞克森；又稱埃里克森

## F

☐ Farmer, David

☐ Farrer, Austin

☐ Faulkner, William　威廉．福克納

☐ Fee, Gordon　費依

☐ Fox, George　福克斯；又稱佛克斯

☐ Forsyth, P. T.

☐ Fosdick, Harry Emerson　富司迪

☐ Foster, Richard　傅士德

☐ Francis de Sales　聖方濟各沙雷氏；又稱方濟沙雷、方濟各、沙爾．法蘭西斯

☐ Francis of Assisi　亞西西的法蘭西斯；又稱聖方濟

☐ Frazer, Margaret

☐ Fülöp-Miller, René　富洛普．米勒爾

## G

- Godet, F.　蓋得特
- Gore, Charles　戈爾；又稱高爾
- Golding, William　威廉．高汀；又稱威廉．高汀、戈爾丁
- Greene, Graham　格雷安．葛林
- Gregory of Nyssa　女撒的貴格利
- Gregory the Great　大貴格利
- Guardini, Romano　郭蒂尼；又稱關底尼

## H

- Hageman, Howard G.
- Hahn, Wilhelm
- Hansen, David
- Harper, Ralph

- [ ] Hauerwas, Stanley
- [ ] Head, David
- [ ] Heiler, Friedrich
- [ ] Herbert, George
- [ ] Herschel, Abraham Joshua　黑施勒；又稱赫歇爾、海舍爾
- [ ] Holladay, William L.　賀樂禮
- [ ] Holt, Brian
- [ ] Hopkins, Gerard Manley
- [ ] Houston, James M.　侯士庭
- [ ] Huxley, Aldous　赫胥黎・阿道斯；又稱赫克斯萊

## I

- ☐ Ignatius of Loyola　羅耀拉的依納爵
- ☐ Inge, William　英奇

## J

- ☐ Jaeger, Werner
- ☐ John of the Cross　十架約翰
- ☐ James, William　威廉·詹姆士；又稱威廉·詹姆斯
- ☐ Joyce, James　喬伊斯；又稱喬伊恩、喬埃斯

## K

- ☐ Kemelmen, Harry
- ☐ Kierkegaard, Søren　祈克果；又稱齊克果、基爾克果、克爾凱郭爾
- ☐ Kienzle, William X.
- ☐ Kirk, Kenneth

- [ ] Kirkpatrick, A. F.　克配決刻
- [ ] Kraus, Hans-Joachim
- [ ] Knox, Ronald　諾克斯

## L

- [ ] Lagerkvist, Pär　拉格爾克維斯特；拉格維斯特
- [ ] Leclercq, Jean
- [ ] Lane, Belden C.
- [ ] Leech, Kenneth　李卓
- [ ] Law, William　勞威廉；又稱勞惠廉、羅威廉、駱威廉
- [ ] L' Engle, Madeleine
- [ ] Leax, Jack
- [ ] Lewis, C. S.　魯益師；又稱魯益師、路益斯、路易斯

- [ ] Lindberg, Anne Morrow　林德伯格；又稱林白夫人
- [ ] Loder, James
- [ ] Lopez, Barry　貝利．羅帕士
- [ ] Louth, Andrew　安德魯．洛思；又稱若思
- [ ] Luther, Martin　馬丁路德

## M

- [ ] MacLaren, Alexander　麥克拉倫
- [ ] MacLean, Norman　諾曼．麥克林
- [ ] Mann, Thomas　托瑪斯．曼；又稱湯瑪斯曼
- [ ] Mauriac, François　莫里亞克；又稱莫瑞亞珂
- [ ] May, Gerald
- [ ] McCullough, David Willis

☐ McGinley, Phyllis

☐ McInerny, Ralph

☐ McNeill, John T.　墨尼爾

☐ Melville, Herman　赫爾曼・梅爾維爾；又稱麥爾維爾

☐ Merton, Thomas　梅頓；又稱牟敦、麥敦、麥純

☐ Miles, Margaret R.

☐ Miller, Walter M.

☐ Milosz, Czeslaw　切斯瓦夫・米沃什

☐ Milton, John　米爾頓；又稱彌爾頓

☐ Moore, Marianne　瑪利安莫爾

☐ Moule, H. C. G.

☐ Muggeridge, Malcolm　馬格烈治

- [ ] Muir, John　約翰．繆爾

## N

- [ ] Newman, John Henry　約翰．紐曼
- [ ] Norris, Kathleen
- [ ] Nicholls, W.
- [ ] Nouwen, Henri J. M.　亨利．盧雲
- [ ] Niebuhr, Reinhold　萊因霍爾德．尼布爾

## O

- [ ] O' Connor, Flannery　奧康納
- [ ] Owens, Virginia Stem
- [ ] Otto, Rudolf　魯道夫．奧托

## P

- ☐ Packer, J. I.　巴刻；又稱柏克
- ☐ Pirsig, Robert　羅伯特・皮爾西格
- ☐ Pannenberg, Wolfhart　潘寧博；又稱潘寧伯格、潘能伯格
- ☐ Pseudo-Dionysius　偽丟尼修；又稱托名狄奧尼修斯
- ☐ Pascal, Blaise　帕斯卡；又稱巴斯卡、帕斯卡爾、布萊恩・巴斯葛
- ☐ Peters, Ellis
- ☐ Percy, Walker　沃克・珀西

## R

- ☐ Ricoeur, Paul　保羅・里克爾；又稱利科爾
- ☐ Rosenstock-Huessy, Eugen

- [ ] Routley, Erik
- [ ] Rutherford, Samuel

## S

- [ ] Sangster, W. E.　桑斯特
- [ ] Stafford, William
- [ ] Sayers, Dorothy　塞耶斯；又稱榭爾絲
- [ ] Steere, Douglas V.
- [ ] Shaw, Luci　蕭爾
- [ ] Stegner, Wallace
- [ ] Smith, David　戴維・史密斯；又稱司密氏
- [ ] Stout, Rex
- [ ] Smith, George Adam　史密史；又稱斯密甫
- [ ] Stout, R. D. M. Greenwood　史陶特；又稱斯托特

## T

- [ ] Taylor, Jeremy　泰羅
- [ ] Teresa of Ávila　阿維拉的德蘭；又稱大德蘭
- [ ] Temple, William　坦普爾；又稱湯樸威廉、湯樸維廉
- [ ] Thérèse of Lisieux　利斯奧的德蘭；又稱小德蘭
- [ ] Thomas à Kempis　肯培的托馬斯；又稱金碧士、肯培斯
- [ ] Thompson, Bard
- [ ] Thompson, Francis
- [ ] Thoreau, Henry　亨利．梭羅
- [ ] Thornton, Martin
- [ ] Thurian, Max　杜理安
- [ ] Thurneysen, Eduard
- [ ] Tolkien, J. R. R.　托爾金

- Tournier, Paul　杜尼耶
- Tugwell, Simon
- Tozer, A. W.　陶恕
- Tyler, Anne　安。泰勒
- Trochu, Francis

## U

- Underhill, Evelyn
- Undset, Sigrid　希格麗．溫茜特

## V

- van Kaam, Adrian　阿德瑞恩．馮剛
- von Hügel, Friedrich
- von Balthasar, Hans Urs　巴爾塔薩；又稱巴爾大撒
- von Rad, Gerhard

## W

□ Wainwright, Geoffrey

□ Wangerin,Walter, Jr.　溫格林

□ Ward, Neville

□ Weiser, Arthur

□ Westcott, Brooke Foss　韋斯科特

□ Westermann, Claus　威士德曼；又稱韋斯特曼

□ Whyte, Alexander　懷特

□ Wiebe, Ruby

□ Wiesel, Elie　埃利 · 威塞爾；又稱維厄瑟爾、維瑟爾、魏瑟

□ Wilbur, Richard

□ Williams, Charles

□ Williams, Rowan

- [ ] Williams, William Carlos
- [ ] Woolman, John

## 讀者意見表

緊扣時代 服事教會

以文字傳揚基督真道

衷心多謝你購買本社書籍。本社一直致力以出版事工服事教會，幫助信徒扎根於神的話語，促進靈命增長。為使我們的出版更能滿足你的需要，請填寫下列各項資料，並寄回或傳真予本社。

所購書籍：________________

本書最吸引你的地方：

☐作者 ☐適切性 ☐文筆 ☐設計 ☐實用性
☐其他：________________

購買本書地點：

☐基道書樓 ☐基督教書店 ☐非基督教書店

性別：☐男 ☐女 職業：________________

信仰：☐基督徒 ☐非基督徒

年齡：☐16歲或以下 ☐17～25歲 ☐26～35歲
☐36～55歲 ☐56歲或以上

學歷：☐中三或以下 ☐中五 ☐預科
☐大學 ☐研究院

☐我欲更多了解基道出版社的事工及考慮支持，請寄給我下列資料：
☐機構簡介 ☐新書資料 ☐基道會員通訊
☐《基道文字事工通訊》

姓名：________________ 電話：________________

地址：________________

________________

傳真：________________ 電子郵件：________________

其他意見：________________

________________

多謝賜教！

意見表可以傳真（2687-0281）或直接郵寄以下地址：
香港沙田火炭坳背灣街26號富騰工業中心1011室
基道出版社編輯部收